여행일본어가 더 쉽고 재밌어지는

해커스일본어의
추가 자료 6종

 교재 MP3

 **일본어회화
무료 동영상강의**

 **FUN FUN
일본 이야기**

 **일본어
레벨테스트**

 **매일
일본어 단어**

 **매일
일본어 한자**

 # 이렇게 이용해보세요!

교재 MP3는
해커스일본어(japan.Hackers.com) 접속 후 로그인 ▶
상단의 [교재/MP3] 클릭 ▶ [MP3/자료]를 클릭하세요.

일본어회화 무료 동영상강의는
해커스일본어(japan.Hackers.com) 접속 후 로그인 ▶
상단의 [무료강의/자료 → 무료강의]를 클릭하세요.

FUN FUN 일본 이야기, 매일 일본어 단어, 매일 일본어 한자는
해커스일본어(japan.Hackers.com) 접속 후 로그인 ▶
상단의 [무료강의/자료 → 데일리 학습자료]를 클릭하세요.

일본어 레벨테스트는
해커스일본어(japan.Hackers.com) 접속 후 로그인 ▶
상단의 [무료강의/자료 → 일본어 레벨테스트]를 클릭하세요.

해커스
여행
일본어
10분의 기적

🎐 해커스 어학연구소

해커스 여행일본어 10분의 기적!!

- 비행기에서 10분!!

쿠우우우~

딸과 함께 일본 여행~! 좋구나~! 그런데, 우리 둘 다 일본어를 못해서 어쩌니?

짜잔~!

두둥

해커스 여행일본어 10분의 기적!!!!!

오호~! 역시 믿음직한 내 딸~!!

쉽네~ 나도 할 수 있겠는데? 어디보자… 엄마는 "아리가또-고자이마스" 만 할란다, 나머지는 니가 하렴.

우리 엄마 "스고이~!" 하하하! 자주 듣는 일본인의 말도 있어서 한시름 놓이네요.

그러네~ 급할 때 화장실도 잘 쓸 수 있겠다.

엄마 이제 도착해도 걱정 없겠지??

그래, 일본어 걱정을 더니 이번 여행이 더 기대된다~!

해커스 여행일본어 10분의 기적!!

- 잠들기 전 10분!!

HOTEL

엄마, 자기 전에 내일 쓸
일본어 미리 체크해볼까요?
내일은 도톤보리 구경하고
스시 먹기로 했으니까… 어디보자~

도톤보리에 잘 가야
할 텐데, 버스 잘못
내리면 큰일이다.
뭐라고 해야 하니?

엄마, 여기 있어.
**"도톤보리와 도코데
오리마스까?"**
엄마도 따라해봐요.

스시 주문할 때에는
뭐라고 해야 하니?
엄마는 참치 대뱃살은
꼭 먹어야겠다.

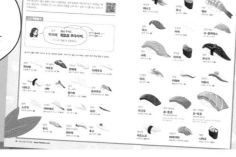

나도 나도!
'스시 전문점에서',
참치대뱃살이…
여기 있다!
금방 찾았어요.

잠깐, 엄마. **여기 QR로
접속하면 일본인
발음으로 들을 수 있어!**
"오-토로 히또쯔 쿠다사이."

딸아,
이 책 너무
좋다아~!

정말 기적이야.
일본어 하나도 모르는데,
말을 할 수 있다니!

HOTEL

스시 생각에 잠이
안온다~ 행복하구나~!!

해커스 여행일본어 10분의 기적

목차

이동하기

숙박시설 이용하기

식사하기

쇼핑하기

관광하기

긴급상황 대처하기

여행이 한층 더 풍부해지는 일본어

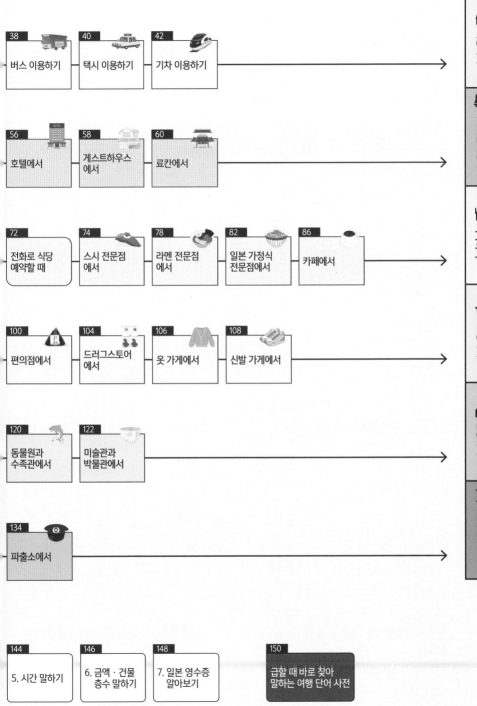

해커스 여행일본어 10분의 기적을
일본 여행 필수품으로 사용하는 방법

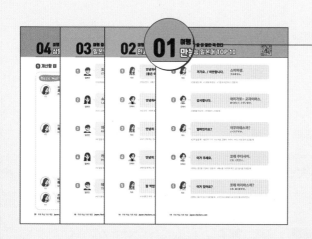

비행기 안에서 10분만 봐도 일본어를 말할 수 있다.

일본 여행에서 꼭 사용하는 만능 일본어, 인사말과 감탄하는 말, 일본인의 답변, 꼭 맞닥뜨리는 상황의 회화를 수록하여 이 부분만 비행기에서 보더라도 일본 여행을 제대로 즐길 수 있어요!

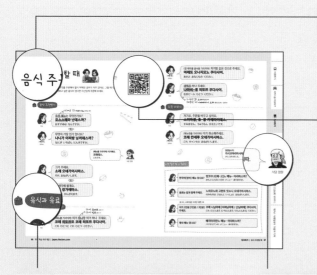

일본어가 필요한 상황을 바로바로!

일본 여행 중 반드시 마주치는 상황을 발생 순서대로 정리하여 필요한 말을 바로 찾아 말할 수 있어요.

듣고! 따라 말하고!

교재의 모든 내용에 대한 일본인 음성이 '듣기'와 '따라 말하기' 버전으로 나뉘어 있어 필요한 부분을 찾아 듣거나 바로 따라 말할 수 있어요.

세부 상황으로 하고 싶은 말을 빠르게 찾아 말하자!

"이럴 땐 뭐라 말하지"라는 생각이 떠오르면 곧바로 세부 상황을 확인해 보세요. 그러면 해야 할 일본어를 바로 찾아 말할 수 있어요.

일본인의 말을 알아 들어야 안심이 된다!

일방적으로 할 말만 하는 여행 회화가 아닌, 일본인의 답변까지 알아 들을 수 있는 리얼 여행 회화를 담았어요.

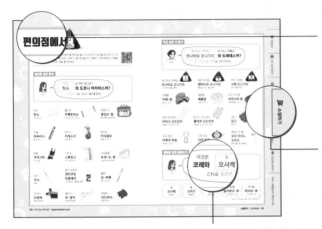

일본어가 필요한 장소를 바로바로!

일본 여행 중 방문하게 되는 장소별로 꼭 쓰게 되는 일본어 단어와 문장을 모아 두었어요.

단축키 역할 인덱스!

언제 어디서든 원하는 상황을 바로 찾아 볼 수 있게 페이지 우측에 목차를 인덱스로 넣었어요.

단어만 바꾸면 일본어가 바로바로!

각 장소에서 쓰게 되는 단어를 쉽고 짧은 문장에 대입하여 말하기만 하면 일본어가 바로 통해요.

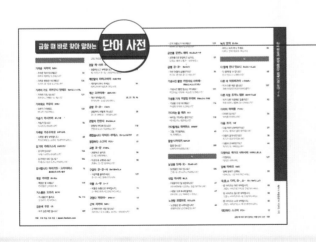

급할 때 바로 찾아 말하는 여행일본어 사전

급하게 일본어로 말을 해야 하는 경우에 하고 싶은 말을 우리말로 재빨리 찾으면, 곧바로 일본어로 단어와 문장까지 말할 수 있어요.

알쏭달쏭 일본어와 일본 문화

우리말과 말의 순서가 비슷한 일본어!

일본어는 한국어와 말의 순서가 정말 비슷해요. 때문에, <해커스 여행일본어 10분의 기적>을 보고 여행지에서 사용하는 말들을 따라 하다 보면 자연스럽게 일본어까지 익힐 수 있어요.

띄어쓰기와 물음표가 없는 일본어!

일본어는 문장에 띄어쓰기나 물음표를 사용하지 않아요. 하지만 <해커스 여행일본어 10분의 기적>에서는 끊어서 말을 해야 하는 곳에 띄어쓰기를, 질문표현에는 물음표를 표시하였어요. 때문에 우리말 독음을 읽으며 일본어를 말하더라도 자연스러운 일본어를 말할 수 있어요.

장음으로 의미가 달라지는 일본어!

일본어에는 한국어에 없는 장음[-]이 있답니다. 장음의 유무에 따라서 말하려는 단어의 뜻이 달라질 수 있으니, 일본어 발음에서 장음 표기[-]가 보이면 반드시 한 박자 길게 말해주세요! 자칫 '맥주 주세요'가 '빌딩 주세요'로 이해될 수도 있어요.

대화의 시작, 사과, 감사는 모두 "스미마셍"으로!

스미마셍(죄송합니다)은 일반적으로 사과할 때 사용하는 말입니다. 하지만 가게에서 점원을 부를 때는 '저기요'의 뜻으로, 감사의 표현을 전하기 위한 '고맙습니다' 라는 뜻으로도 사용된답니다. 일본인이 자주 사용하는 표현인 만큼 꼭 기억해 두어요.

저기요, 함께 사진 찍어주실 수 있어요?
**스미마셍,
잇쇼니 샤싱 톳떼 모라에마셍까?**
すみません、
いっしょに しゃしん とって もらえませんか。

죄송해요, 그건 좀….
스미마셍, 소레와 춋또….
すみません、それは ちょっと…。

확실하게 NO라고 말하지 않는 일본인!

일본인은 거절하거나 안 되는 상황을 말할 때 직설적으로 "이-에(아니요)" 라고 말하지 않고, "소레와 춋또…(그건 좀…)"와 같이 돌려서 말한답니다. 그러니 표정이나 제스처를 잘 살펴서 의도를 파악해 보아요.

본격적인 일본 여행의 시작

입국 신고서 작성하기

입국 신고서는 외국에 들어가기 전 작성해야 하는 필수 서류이며, 입국자의 기본 사항 등을 파악하기 위한 서류입니다. 일본의 입국 신고서는 기본적으로 영어로 기재하며, 일본 내 체류 주소는 호텔이라면 호텔 이름만 적어도 무관합니다. 단, 가정집이나 민박의 경우에는 구체적인 주소까지 모두 적어주세요.

外国人入国記録　DISEMBARKATION CARD FOR FOREIGNER

英語又は日本語で記載して下さい。　Enter information in either English or Japanese.

[ARRIVAL]

氏名 Name	Family Name 성 KIM		Given Names 이름 JISU	
生年月日 생년월일	Day 日 / Month 月 / Year 年 일 / 월 / 년 23/02/1990	現住所 Home Address 현주소	国名 country names 나라 KOREA	都市名 city name 도시 SEOUL

渡航目的 Purpose of visit 입국목적	☒ 観光 관광 Tourism □ 親戚訪問 친척방문 Visiting relatives	□ 商用 비지니스 Business □ その他 그외 Others	航空機便名・船名 Last flight No./Vessel 항공기 / 배 명 KE0123
			日本滞在予定期間 Intended length of stay in Japan 일본 체류 예정 기간 3 Days

日本の連 絡先 Intended address In japan	일본내 체류지 주소 Tokyo ichi-ban hotel	TEL 전화번호 03-1234-5678

裏面の質問事項について、該当するものに☒を記入して下さい。 Check the boxes for the applicable answers to the questions on the back side.
뒷면 질문 사항 중에 해당하는 것에 체크해 주세요.

1.日本での退去強制歴・上陸拒否歴の有無 일본에서의 강제 퇴거·상륙거부 이력유무	□ はい Yes 네	☒ いいえ No 아니요
2.有罪判決の有無(日本での判決に限らない) 유죄판결의 유무 (일본 내외의 모든 것)	□ はい Yes 네	☒ いいえ No 아니요
3. 規制薬物・銃砲・刀剣類・火薬類の所持 규제 약물·총포·도검류·화약류의 소지	□ はい Yes 네	☒ いいえ No 아니요

以上の記載内容は事実と相違ありません。이상의 기재 내용은 사실과 틀림 없습니다.

署名 Signature 서명　　kim ji-su

공항에서 입국 심사대 통과하기

드디어 일본 도착! 이제 기내에서 작성한 입국 심사 신고서와 여권으로 입국 심사를 거쳐야 진짜 일본 여행의 시작이랍니다! 대부분 아무런 대화 없이 통과하지만, 간혹 일본 방문 목적을 묻는 질문을 받기도 한답니다. 그러면 "캉코-데스(관광입니다)."라고 대답하면 돼요.

방문 목적은 무엇인가요?
호-몬노 모꾸떼끼와 난데스까?
ほうもんの　もくてきは　なんですか。

관광입니다.
캉코-데스.
かんこうです。

요-코소, 니홍에.
ようこそ、日本へ。
어서오세요, 일본에.

일본 여행이 200% 즐거워지는

이 말만은 알고 가자

1 지수

저기요. / 미안합니다.

스미마셍.
すみません。

#말을 붙일 때 #요청할 때 항상 #가볍게 미안하다고 말할 때

2 오여사

감사합니다.

아리가또- 고자이마스.
ありがとう ございます。

#대화를 마칠 때 #친절함이 고마울 때

3 지수

얼마인가요?

이꾸라데스까?
いくらですか。

#금액 물을 때 #물건의 가격, 식사 비용, 교통비, 숙박비, 서비스 비용 등이 궁금할 때

4 오여사

이거 주세요.

코레 쿠다사이.
これ ください。

#원하는 물건을 구입하고 싶을 때 #메뉴를 가리키며 먹고 싶은 음식을 주문할 때

5 지수

이거 있어요?

코레 아리마스까?
これ ありますか。

#원하는 물건이 있는지 물어볼 때 #사진이나 휴대폰으로 이미지를 보여주면서

6
오여사

일본어를 못 해요.

니홍고가 데끼마셍.
にほんごが できません。

#일본인이 하는 말을 이해하지 못할 때 #일본어로 말을 걸어올 때

7
지수

한 명 / 두 명 / 세 명
한 개 / 두 개 / 세 개

히또리 / 후따리 / 산닝
ひとり / ふたり / さんにん
히또쯔 / 후따쯔 / 밋쯔
ひとつ / ふたつ / みっつ

#인원을 말할 때 #음식 주문 개수 말할 때 #사고 싶은 물건의 개수를 말할 때

8
오여사

추천(메뉴)은 무엇인가요?

오스스메와 난데스까?
おすすめは なんですか。

#식당 메뉴판을 읽을 수 없을 때 #뭘 먹어야 할지 모르겠을 때

9
지수

카드 되나요?

카-도 데끼마스까?
カード できますか。

#카드 결제가 되는지 묻고 싶을 때

10
오여사

화장실은 어디예요?

토이레와 도코데스까?
トイレは どこですか。

#화장실의 위치를 알고 싶을 때 #화장실이 급할 때

1 지수

안녕하세요.
(좋은 아침입니다.)

오하요- 고자이마스.
おはよう ございます。

#아침 인사　#좋은 하루가 되기를 바라는 마음을 전할 때

2 오여사

안녕하세요.

콘니찌와.
こんにちは。

#낮 인사　#하루 중 어느 때고 만나서 반가움을 나타낼 때

3 지수

안녕히 주무세요.

오야스미나사이.
おやすみなさい。

#자기 전에 하는 인사　#상대방이 잘 잤으면 하는 마음을 전할 때

4 오여사

안녕히 계세요.

사요-나라.
さようなら。

#헤어질 때 하는 말　#앞으로 못 볼 것을 아쉬워하는 마음을 담아 하는 말

5 지수

잘 먹었습니다.

고찌소-사마데시따.
ごちそうさまでした。

#식사를 한 후에　#맛있게 잘 먹었다는 감사의 마음을 전하고 싶을 때

6

오여사

잘 부탁합니다.

요로시꾸 오네가이시마스.
よろしく おねがいします。

#숙박시설에서 서비스를 부탁한 다음에   #잘 부탁한다는 말을 전하고 싶을 때

7

오여사

괜찮습니다.

다이죠-부데스.
だいじょうぶです。

#스미마셍(미안합니다)에 대해 괜찮다는 뜻을 전할 때   #상대방의 제안을 부드럽게 거절할 때

8

지수

맛있다!

오이시-!
おいしい!

#식당 등에서 음식이 맛있을 때   #카페에서 음료나 디저트가 맛있을 때   #감탄사처럼 쓰는 말

9

오여사

귀엽다!

카와이-!
かわいい!

#쇼핑 중 물건이 예쁘고 귀여울 때   #작고 귀여운 동물이나 아이를 봤을 때   #감탄사처럼 쓰는 말

10

지수

대단하다!
굉장하다!

스고이!
すごい!

#관광지에서 멋진 풍경을 보고 감탄할 때   #공연을 보고 놀라고 감탄했을 때   #감탄사처럼 쓰는 말

1
일본인

도-조.
どうぞ。

마음껏 하세요.
(드세요, 들어오세요, 쓰세요 등)

#식당에 들어오라는 말   #맛있게 먹으라는 말   #하고 싶은 대로 해도 된다는 말

2
일본인

쇼-쇼- 오마찌 쿠다사이.
しょうしょう おまち ください。

잠시만 기다려 주세요.

#내가 요청한 것을 들어주기 위해 잠시 시간이 필요하다는 말

3
일본인

와까리마시따.
わかりました。

알겠습니다.

#내 말을 이해했다는 말   #내가 요청한 대로 해주겠다는 말

4
일본인

카시코마리마시따.
かしこまりました。

알겠습니다.

#내 말을 이해했다는 말   #내가 요청한 대로 해주겠다는 말   #주로 가게 점원이 사용하는 정중한 말

5
일본인

데끼마스.
できます。

됩니다.

#내가 물어본 것이 가능하다는 말   #카-도 데끼마스까?(카드 되나요?)에 대한 긍정 답변

일본인

6 소레와 촛또….
それは ちょっと…。

그건 좀….

#나의 요청이나 부탁을 에둘러서 거절하는 말   #내 요청이 곤란할 때 듣는 말

일본인

7 고멘나사이.
ごめんなさい。

미안합니다.

#나의 요청이나 부탁을 거절하며 사과하는 말

일본인

8 모-시와케 고자이마셍가….
もうしわけ ございませんが…。

죄송합니다만….

#내 요청 사항을 들어줄 수 없다는 말   #주로 가게 점원이 사용하는 정중한 말

일본인

9 아리마셍. / 나이데스.
ありません。/ ないです。

없습니다.

#내가 찾는 물건이 없을 때 듣는 말   #코레 아리마스까?(이거 있어요?)에 대한 부정 답변

일본인

10 데끼마셍. / 데끼나이데스.
できません。/ できないです。

안됩니다.

#내가 물어본 것이 불가능하다는 말   #카-도 데끼마스까?(카드 되나요?)에 대한 부정 답변

① 계산할 때

현금으로 계산하기

지수

계산 부탁합니다.
오카이케- 오네가이시마스.
おかいけい おねがいします。

잠시만 기다려 주세요.
쇼-쇼- 오마찌 쿠다사이.
しょうしょう おまち ください。

가게 점원

네, 합계 500엔입니다.
하이, 오카이케- 고햐꾸엔데스.
はい、 おかいけい 500えんです。

가게 점원

지수

여기요.
하이.
はい。

딱 맞게 받았습니다.
쵸-도 이따다끼마스.
ちょうど いただきます。

가게 점원

 또는

잔돈입니다.
오카에시니 나리마스.
おかえしに なります。

가게 점원

영수증 필요하시나요?
레시-토 고리요-데스까?
レシート ごりようですか。

가게 점원

지수

네, 주세요.
하이, 쿠다사이.
はい、 ください。

또는

지수

괜찮습니다.
다이죠-부데스.
だいじょうぶです。

카드로 계산하기

오여사

계산 부탁합니다.
오카이케- 오네가이시마스.
おかいけい おねがいします.

네, 합계 5000엔입니다.
하이, 오카이케- 고셍엔데스.
はい、おかいけい 5000えんです.

가게 점원

오여사

카드 되나요?
카-도 데끼마스까?
カード できますか.

네, 됩니다. 카드 받았습니다.
하이, 데끼마스. 카-도 오아즈까리 시마스.
はい、できます. カード おあずかり します.

가게 점원

[2개월] **니까이바라이** にかいばらい
[3개월] **상까이바라이** さんかいばらい
[6개월] **록까이바라이** ろっかいばらい

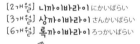
또는

죄송합니다만, 카드는 좀….
스미마셍가, 카-도와 춋또….
すみませんが、カードは ちょっと….

가게 점원

오여사

일시불로 해주세요.
익까쯔데 오네가이시마스.
いっかつで おねがいします.

네, 여기에 사인 부탁합니다.
하이, 코코니 사잉 오네가이시마스.
はい、ここに サイン おねがいします.

가게 점원

오여사

네, 영수증 주세요. 감사합니다.
하이, 레시-토 쿠다사이. 아리가또- 고자이마스.
はい、レシート ください. ありがとう ございます.

 Tip

일본의 편의점, 슈핑몰 등에서는 카드 견제가 되지만, 택시, 식당 등에서는 카드 결제가 안 되는 경우가 꽤 있습니다. 그렇기 때문에 현금을 여유롭게 준비해 가는 것이 좋습니다. 카드 사용이 안 될 때는 그 이유를 다소 긴 일본 말로 듣게 될 텐데, 그럴 땐 현금으로 계산하면 됩니다.

❷ 사진을 찍을 때

사진 찍어 달라고 부탁하기

지수

저기요, 사진 찍어주실 수 있어요?
스미마셍, 샤싱 톳떼 모라에마셍까?
すみません、しゃしん とって もらえませんか。

네, 좋습니다.
하이, 이-데스요.
はい、いいですよ。

일본인

또는

미안합니다.
고멘나사이.
ごめんなさい。

일본인

지수

(카메라를 주면서) 여기를 눌러주세요.
코코오 오시떼 쿠다사이.
ここを おして ください。

또는

(카메라 각도를 맞춰 손으로 가리키면서) 이대로 찍어주세요.
코노마마 오네가이시마스.
このまま おねがいします。

찍을게요. 네, 치-즈.(찰칵)
토리마스네. 하이, 치-즈.
とりますね。はい、チーズ。

일본인

확인해 주세요.
카꾸닝 오네가이시마스.
かくにん おねがいします。

일본인

지수

잘 나왔네요. 감사합니다.
오-케-데스. 아리가또- 고자이마스.
オーケーです。ありがとう ございます。

 Tip

일본인은 사진을 찍어준 후에 잘 나왔는지 확인을 받길 원하는 경우가 많습니다. 그럴 땐, 잘 나왔다는 의미로 웃으며 "오-케-데스(잘 나왔네요)"라고 말해 보세요!

잘 모르는 일본 사람과 함께 사진 찍기

오여사

저기요, 함께 사진 찍어주실 수 있어요?
스미마셍, 잇쇼니 샤싱 톳떼 모라에마셍까?
すみません、いっしょに しゃしん とって もらえませんか。

네, 좋습니다.
하이, 이-데스요.
はい、いいですよ。

일본인

또는

죄송해요, 그건 좀….
스미마셍, 소레와 춋또….
すみません、それは ちょっと…。

일본인

특정 장소에서 사진 찍어도 되는지 물어보기

지수

사진 찍어도 되나요?
샤싱 톳떼모 이-데스까?
しゃしん とっても いいですか。

네, 찍으세요.
하이, 도-조.
はい、どうぞ。

일본인

또는

그건 좀….
소레와 춋또….
それは ちょっと…。

일본인

❸ 화장실이 급할 때

화장실 위치 묻기

오여사

저기요, 화장실은 어디예요?
스미마셍, 토이레와 도코데스까?
すみません、トイレは どこですか。

일본인

쭉 가면 구석에 있어요.
맛스구 잇따 카도니 아리마스.
まっすぐ いった かどに あります。

일본인

또는

아…, 모르겠어요.
아…, 와까리마셍.
あ…、わかりません。

오여사

죄송해요, 일본어를 못해요.
스미마셍, 니홍고가 데끼마셍.
すみません、にほんごが できません。

오여사

천천히 말해주세요.
육꾸리 오네가이시마스.
ゆっくり おねがいします。

일본인

저기예요.
아소코데스.
あそこです。

오여사

네, 감사합니다.
하이, 아리가또- 고자이마스.
はい、ありがとう ございます。

💡 **Tip**

일본은 편의점 화장실을 개방하고 있답니다. 먼저 화장실이 어디에 있는지 물어보고 편리하게 이용해 보세요.

화장실 돌발상황 대처하기

지수

화장실이 잠겨 있어요.
토이레가 시맛떼이마스.
トイレが しまっています。

잠시만 기다려 주세요.
쇼-쇼- 오마찌 쿠다사이.
しょうしょう おまち ください。

가게 점원

지수

휴지가 없어요.
토이렛토 페-파-가 아리마셍.
トイレット ペーパーが ありません。

네, (이거) 쓰세요.
하이, 도-조.
はい、どうぞ。

가게 점원

바로 채워 드릴게요.
스구 츠메까에마스네.
すぐ つめかえますね。

가게 점원

지수

화장실이 막혔어요.
토이레가 쯔마리마시따.
トイレが つまりました。

또는

지수

화장실 물이 안 내려가요.
토이레노 미즈가 나가레마셍.
トイレの みずが ながれません。

바로 확인하겠습니다.
스구 카꾸닝 이따시마스.
すぐ かくにん いたします。

가게 점원

오사카 여행의 시작은 '라피트'로!

칸사이 국제공항에서 오사카 중심 난바 역까지 갈 때 이용하게 되는 열차가 있죠. 바로 특급 열차 '라피트'! 전 좌석 지정석, 넉넉한 수납공간, 쾌적한 인테리어를 특징으로 하는 공항 특급 열차입니다. 그런데, 주목할 점은 따로 있어요. 바로 '철인 28호'라는 만화의 주역 로봇을 모티브로 하고 있다는 것! 로봇과 비슷한 외관을 한 파란색 라피트의 편안한 좌석에 앉아 특유의 둥근 창문으로 밖을 내다보면, 이국적인 오사카 풍경이 여행의 설렘을 한층 더 높여줄 거예요.

이동하기

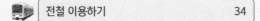
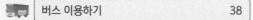
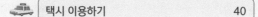
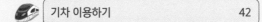

교통수단 및 노선 알아볼 때

일본 여행을 갔을 때 제일 먼저 부딪히는 어려움은 바로 교통수단을 이용하는 일이죠. 어떤 교통수단을 이용해야 할지, 어디서 타야 할지, 조금이라도 걱정되면 망설이지 말고 용기를 내서 자신 있게 물어보세요.

 목적지까지 가는 교통수단 묻기 ·········

목적지 이름을 넣어보세요.

(지도의 특정 위치를 가리키며) 여기까지 어떻게 가나요?
코코마데 도- 이끼마스까?
ここまで どう いきますか。

지수

버스 타면 돼요.
바스니 노레바 이케마스요.
バスに のれば いけますよ。

일본인

[버스] **바스** バス

(지도의 특정 위치를 가리키며) 여기까지 전철로 갈 수 있나요?
코코마데 덴샤데 이케마스까?
ここまで でんしゃで いけますか。

지수

네, 갈 수 있어요.
하이, 이케마스요.
はい、いけますよ。

일본인

또는

전철은 없어요. 버스로 갈 수 있어요.
덴샤와 나이데스네. 바스데 이케마스.
でんしゃは ないですね。バスで いけます。

일본인

 역 / 버스 정류장 / 택시 승강장 위치 묻기 ·········

역은 어느 쪽이에요?
에끼와 돗찌데스까?
えきは どっちですか。

오여사

[택시] **타쿠시-** タクシー

버스는 어디서 타요?
바스와 도코데 노리마스까?
バスは どこで のりますか。

지수

저 쪽이에요.
아찌라데스.
あちらです。

일본인

 목적지까지 가는 노선 및 내려야 하는 역 / 정류장 묻기

목적지 이름을 넣어보세요.

도톤보리까지 가려면 무슨 전철[버스]을 타나요?
도-톰보리마데 도노 덴샤[바스]니 노리마스까?
どうとんぼりまで どの でんしゃ[バス]に のりますか。

오여사

미도스지선 타면 돼요.
미도-스지센데 이케마스요.
みどうすじせんで いけますよ。

일본인

여기서 타면 도톤보리까지 가나요?
코코까라 도-톰보리마데 이케마스까?
ここから どうとんぼりまで いけますか。

오여사

네, 맞아요.
하이, 소-데스요.
はい、そうですよ。

일본인

도톤보리 가려면 어디서 내려요?
도-톰보리와 도코데 오리마스까?
どうとんぼりは どこで おりますか。

오여사

난바 역에서 내리면 돼요.
남바 에끼데 오리떼 쿠다사이.
なんば えきで おりて ください。

일본인

이동하기
숙박시설 이용하기
식사하기
쇼핑하기
관광하기
긴급상황 대처하기
해커스 여행일본어 10분의 기적

교통수단 이용 중에 문제가 생겼을 때

교통수단 이용 중 표를 잃어버리거나, 일정에 변경이 생겨 표를 변경하거나 환불해야 하는 경우가 있죠. 혹은 교통편이 멈추거나 시간이 되어도 오지 않는, 예상치 못한 상황이 발생할 수 있어요. 그럴 때 하고 싶은 말을 골라 자신 있게 말해보세요.

 표를 잃어버렸을 때 차장이나 역무원에게 말하기 ·········

지수

> 표를 잃어버렸어요.
> **킵뿌오 나꾸시마시따.**
> きっぷを なくしました。

> 어디에서 탔나요?
> **도코까라 노리마시따까?**
> どこから のりましたか。
>
> 역무원

→ 출발 역 이름을 넣어 보세요.

지수

> 신주쿠역에서 탔어요.
> **신쥬꾸 에끼까라 노리마시따.**
> しんじゅく えきから のりました。

> 500엔입니다.
> **고햐꾸엔데스네.**
> 500えんですね。
>
> 역무원

 표 변경이나 환불 요청하기 ·········

오여사

> (안내 창구에서) 시부야까지 가는 표로 바꿔주세요.
> **시부야마데노 킵뿌니 카에떼 쿠다사이.**
> しぶやまでの きっぷに かえて ください。

또는

지수

> (안내 창구에서) 표 환불해주세요.
> **킵뿌노 하라이모도시 오네가이시마스.**
> きっぷの はらいもどし おねがいします。

> 네, 알겠습니다.
> **하이, 와까리마시따.**
> はい、わかりました。
>
> 직원

오여사

이제 전철[버스] 안 오나요?
모- 덴샤[바스] 코나인데스까?
もう でんしゃ[バス] こないんですか。

아니요, 올 거예요.
이-에, 키마스요.
いいえ、きますよ。

일본인

오여사

(오래 기다려도 오지 않을 때) 기다리면 탈 수 있나요?
맛떼레바 노레마스까?
まってれば のれますか。

네, 탈 수 있어요.
하이, 노레마스요.
はい、のれますよ。

일본인

지수

곧 출발하나요?
스구 슙빠쯔 시마스까?
すぐ しゅっぱつ しますか。

저도 잘 모르겠어요.
와따시모 요꾸 와까리마셍.
わたしも よく わかりません。

일본인

오여사

무슨 문제가 있나요?
나니까 몬다이가 아리마스까?
なにか もんだいが ありますか。

또는

지수

사고가 났나요?
지코 데스까?
じこ ですか。

또는

오여사

왜 안 오는지 아세요?
나제 코나이노까 와까리마스까?
なぜ こないのか わかりますか。

거리에서

'여기가 맞는 것 같은데..' 잘 모르는 곳은 지도를 보고도 잘 찾아가기 쉽지 않죠. 목적지 부근에 와서 어디로 가야 하는지 묻고 싶을 때, 혹은 길을 잃었을 때 쓸 수 있는 표현을 골라 말해보세요.

길 물어보기

(지도에서 특정 위치를 가리키며)
[여기] **코코** ここ

지수

우에노 공원은 어디예요?
우에노 코-엥와 도코데스까?
うえの こうえんは どこですか。

[이 쪽] **콧찌** こっち
[저 쪽] **앗찌** あっち

오여사

우에노 공원은 어느 쪽이에요?
우에노 코-엥와 돗찌데스까?
うえの こうえんは どっちですか。

지수

직진인가요?
맛스구 데스까?
まっすぐ ですか。

오여사

얼마나 걸어야 하나요?
도레구라이 아루끼마스까?
どれぐらい あるきますか。

지도를 활용하여 길 물어보기

지수

(지도를 보여주며) 여기(지금 있는 곳)는 지도에서 어디예요?
코코와 도코데스까?
ここは どこですか。

지수

(지도에서 목적지를 가리키며) 여기는 어느 쪽이에요?
코코와 돗찌데스까?
ここは どっちですか。

이동하기

숙박시설 이용하기

식사하기

쇼핑하기

관광하기

긴급상황 대처하기

해커스 여행일본어 '야무진 기적'

길을 잃었을 때

→ 목적지 이름을 넣어보세요.

지수

우에노 공원은 어디 있나요?
우에노 코-엥와 도코니 아리마스까?
うえの こうえんは どこに ありますか。

오여사

우에노 공원은 어떻게 가요?
우에노 코-엥와 도-얏떼 이끼마스까?
うえの こうえんは どうやって いきますか。

지수

우에노 공원은 여기에서 먼가요?
우에노 코-엥와 코코까라 토-이데스까?
うえの こうえんは ここから とおいですか。

오여사

가까운 역[버스정류장]이 어디예요?
치카이 에끼[바스떼-]와 도코데스까?
ちかい えき[バスてい]は どこですか。

문화를 알면 일본어가 더 재밌어진다!

일본의 택시, 타쿠시(タクシー)에는 기사님이 조수석에 앉아 있다?

일본의 자동차 도로 운행은 한국과 달리 좌측통행이 원칙이라 버스나 택시의 진행방향이 우리나라와 반대이고, 운전석도 오른쪽에 있답니다. 그래서 일본에서 버스나 택시를 타면 기사님이 마치 조수석에 앉아서 운전하는 것처럼 보여요. 때문에 차량 통행이 잦지 않은 곳에서는 한참을 기다려 올라 탄 버스나 택시가 반대로 가고 있다는 걸 뒤늦게 깨달을 수도 있어 주의가 필요합니다. 그리고 일본의 택시는 문이 자동문이에요. 아무리 손잡이를 당겨도 문이 열리고 닫히지 않는답니다. 기사님이 문을 열어줄 때까지 기다려주세요!

[한국에서 택시타기]

기사님은 왼쪽   인도가 오른쪽

[일본에서 타쿠시(タクシー)타기]

인도가 왼쪽   기사님은 오른쪽

전철 이용하기

지상으로 달려 바깥 풍경까지 즐길 수 있는 일본의 전철! 하지만 매우 복잡한 일본의 전철을 잘 이용하기는 쉽지 않죠. 전철을 잘 타고 목적지에서 내리기까지, 모두 여기에서 해결할 수 있어요. 하고 싶은 말을 찾아 자신 있게 말해보세요.

역의 출구 / 시설 위치 묻기

오여사

> | 2번 출구 | 는 어디예요? |
> | **니방 데구찌** | **와 도코데스까?** |
>
> にばん でぐちは どこですか。

2번 출구
니방 데구찌
にばん でぐち

> 〔1〕이찌 いち
> 〔3〕상 さん
> p.140 기본 숫자 말하기를 참고해주세요.

동쪽 출입구
히가시 구찌
ひがし ぐち

> 〔서쪽〕니시 にし
> 〔남쪽〕미나미 みなみ
> 〔북쪽〕키따 きた
> 〔중앙〕츄-오- ちゅうおう

타는 곳
노리바
のりば

표 사는 곳, 표 발매기
킵뿌 우리바
きっぷ うりば

엘리베이터
에레베-타-
エレベーター

화장실
토이레
トイレ

코인 로커
코인록카-
コインロッカー

편의점
콤비니
コンビニ

ATM
에-티-에무
ATM

자판기
지항끼
じはんき

안내 창구
마도구찌
まどぐち

분실물 센터
오와스레모노 센타-
おわすれもの センター

🚌 이동하기

🏨 숙박시설 이용하기

🍴 식사하기

🛍️ 쇼핑하기

📷 관광하기

🚨 긴급상황 대처하기

해커스 여행일본어 10분의 기적

표 끊기

지수

| 도쿄 | 역까지 가는 표 주세요. |
| **토-쿄-** | **에끼마데노 킵뿌오 오네가이시마스.** |

とうきょう えきまでの きっぷを おねがいします。

도쿄	신주쿠	시부야
토-쿄-	**신쥬꾸**	**시부야**
とうきょう	しんじゅく	しぶや

첫 차 / 막차 시간 묻기

오여사

| 첫 차 | 는 몇 시인가요? |
| **시하쯔** | **와 난지데스까?** |

しはつ は なんじですか。

첫 차	마지막 전철	이번 전철
시하쯔	**슈-뎅**	**쯔기노 덴샤**
しはつ	しゅうでん	つぎの でんしゃ

교통카드 구입 / 충전 / 환불 문의하기

지수

| 카드 | 구입 | 은 어떻게 하나요? |
| **카-도** | **코-뉴-** | **와 도- 야리마스까?** |

カード こうにゅう は どう やりますか。

구입	충전	환불
코-뉴-	**챠-지**	**하라이모도시**
こうにゅう	チャージ	はらいもどし

꿀 TIP ! 표 발매기에서 Language 버튼을 누르면 한국어를 선택할 수 있어요!

목적지까지 가는 전철 타기

오여사

우에노
우에노

역까지 (가려면) 어느 쪽이에요?
에끼마데와 돗찌데스까?

うえの えきまでは どっちですか。

오여사

우에노
우에노

역까지 (가려면) 여기서 타나요?
에끼마데 코코데 노리마스까?

うえの えきまで ここで のりますか。

오여사

이번 전철
쯔기노 덴샤

우에노
우에노

역에 가나요?
에끼니 이끼마스까?

つぎの でんしゃ うえの えきに いきますか。

우에노
우에노
うえの

이케부쿠로
이케부꾸로
いけぶくろ

시나가와
시나가와
しながわ

아키하바라
아끼하바라
あきはばら

에비스
에비스
えびす

긴자
긴자
ぎんざ

전철 종류 확인하기

지수

이번 전철이
쯔기노 덴샤와

급행
큐-코-

인가요?
데스까?

つぎの でんしゃは きゅうこう ですか。

급행
큐-코-
きゅうこう

특급
톡뀨-
とっきゅう

일반(역마다 정차함)
카꾸에끼 테-샤
かくえき ていしゃ

이동하기

숙박시설 이용하기

식사하기

쇼핑하기

관광하기

긴급상황 대처하기

해커스 여행일본어 10분의 기적

전철 안에서 다른 승객에게 묻기

오여사

이거 [난바] 역에 가는 거 맞죠?
코레 남바 에끼니 이끼마스요네?
これ なんば えきに いきますよね。

오여사

다음 역이 [난바] 역인가요?
쯔기노 에끼가 남바 에끼데스까?
つぎの えきが なんば えきですか。

난바
남바
なんば

하카타
하까따
はかた

교토
쿄-토
きょうと

문화를 알면 일본어가 더 재밌어진다!

편안한 전철 여행을 위한 교통카드 '스이카(Suica)'

'스이카'는 일본에서 가장 많이 사용되는 교통카드로 '스이스이(척척, 휙휙, 술술)'와 '카-도(카드)'의 앞 글자를 따서 이름을 붙였다고 해요. 가볍게 터치하는 것 만으로도 개찰구를 '스이스이' 지나갈 수 있는데다가, 귀여운 펭귄 캐릭터까지 그려져 있어 많은 일본인들이 애용하고 있답니다.

'스이카'를 포함한 교통카드는 표 발매기에서 직접 사거나, 역무원에게 구입할 수 있는데 어디서 구입할 수 있는지 궁금할 때는 다음과 같이 물어보세요.

'쿄-쯔-카-도와 도꼬데 카에마스까(교통카드는 어디서 살 수 있나요)?'

버스 이용하기

일본에서 버스를 타야 하는데 잘 탈 수 있을지 걱정이 앞서죠. 정류장에서 타야 할 버스를 확인하고, 목적지까지 가는 버스를 잘 타고 잘 내리기까지. 여기 있는 표현으로 자신 있게 말해보세요.

정류장에서 타야 할 버스 확인하기

목적지 이름을 넣어보세요.

지수

여기서 타면 금각사 가요?
코코데 노레바 킹까꾸지 이끼마스까?
ここで のれば きんかくじ いきますか。

오여사

금각사까지 (가려면) 몇 번 버스 타요?
킹까꾸지마데와 남방 바스니 노리마스까?
きんかくじまでは なんばん バスに のりますか。

지수

금각사까지 가는 버스는 언제 오나요?
킹까꾸지마데노 바스와 이쯔 키마스까?
きんかくじまでの バスは いつ きますか。

목적지까지 가는 버스 잘 타고 잘 내리기

지수

이 버스 금각사까지 가나요?
코노 바스 킹까꾸지마데 이끼마스까?
この バス きんかくじまで いきますか。

지수

다음이 금각사인가요?
쯔기가 킹까꾸지데스까?
つぎが きんかくじですか。

오여사

금각사에 도착하면 알려주실 수 있나요?
킹까꾸지니 쯔이따라 오시에떼 모라에마스까?
きんかくじに ついたら おしえて もらえますか。

버스 안에서 요금 지불하고 내리기

※일본에서는 탈 때 정산표를 뽑고, 내릴 때 요금을 지불하는 버스가 많아요.

오여사
(정산표를 보여주며) 얼마인가요?
이꾸라데스까?
いくらですか。

지수
(동전을 보여주며) 맞나요?
앗떼마스까?
あってますか。

오여사
(동전으로) 교환 될까요?
료-가에 이-데스까?
りょうがえ いいですか。

> **꿀 TIP !** 일본의 버스에서는 동전으로 요금을 지불해요. 하지만 지폐를 넣으면 동전으로 교환해주는 동전교환기가 있으니 편리하게 이용해보세요.

시티 투어 버스 이용해보기

지수
A 투어 부탁합니다.
A 쯔아- 오네가이시마스.
A ツアー おねがいします。

오여사
2층에 앉을 수 있나요?
니까이니 스와레마스까?
にかいに すわれますか。

지수
한국어 팸플릿 주세요.
캉코꾸고노 팡후렛또 쿠다사이.
かんこくごの パンフレット ください。

오여사
한국어 오디오가이드가 있나요?
캉코꾸고노 오-디오가이도가 아리마스까?
かんこくごの オーディオガイド が ありますか。

택시 이용하기

일본의 택시는 '자동문'이라 직접 여닫을 필요가 없어요. 문이 자동으로 열릴 때 까지 기다리면 된답니다. 택시를 타고 목적지에서 내릴 때까지 쓸 수 있는 말을 골라 자신 있게 말해보세요.

[도쿄 타워] **토-쿄- 타와-** とうきょう タワー
[나리타 공항] **나리따 쿠-코-** なりた くうこう
[도톤보리] **도-톰보리** どうとんぼり

기사님께 목적지 말하기

지수

(주소를 보여주며) 여기까지 부탁합니다.
코코마데 오네가이시마스.
ここまで おねがいします。

오여사

(핸드폰으로 경로를 보여주며) 이 길 대로 부탁합니다.
코노 미찌데 오네가이시마스.
この みちで おねがいします。

택시 타기 전에 문의 또는 요청하기

지수

다 함께 탈 수 있나요?
민나 잇쇼니 노레마스까?
みんな いっしょに のれますか。

오여사

트렁크를 열어주세요.
토랑쿠오 아케떼 쿠다사이.
トランクを あけて ください。

→ 목적지 이름을 넣어보세요.

지수

도쿄 타워까지 몇 분 걸릴까요?
토-쿄- 타와-마데 남뿡 카까리마스까?
とうきょう タワーまで なんぷん かかりますか。

오여사

도쿄 타워까지 요금이 얼마나 나올까요?
토-쿄- 타와-마데 이꾸라구라이 데스까?
とうきょう タワーまで いくらぐらい ですか。

택시 안에서 요청하기

[7시] 시찌지 しちじ
[8시] 하찌지 はちじ
p.144 시간 말하기를 참고해주세요.

지수

죄송한데, 9시까지 도착 부탁합니다.
스미마셍가, 쿠지마데니 오네가이시마스.
すみませんが、くじまでに おねがいします。

오여사

죄송한데, 좀 더 빨리[천천히] 가주세요.
스미마셍가, 못또 하야꾸[육꾸리] 오네가이시마스.
すみませんが、もっと はやく[ゆっくり] おねがいします。

지수

죄송한데, 에어컨[히터] 틀어주세요.
스미마셍가, 레-보-[담보-] 이레떼 쿠다사이.
すみませんが、れいぼう[だんぼう] いれて ください。

오여사

죄송한데, 여기서 잠깐만 기다려 주시겠어요?
스미마셍가, 코코데 춋또 맛떼 쿠다사이마셍까?
すみませんが、ここで ちょっと まって くださいませんか。

요금 계산하고 내리기

지수

여기서 내려주세요.
코코데 오네가이시마스.
ここで おねがいします。

오여사

카드 되나요?
카-도 데끼마스까?
カード できますか。

지수

영수증 주세요.
레시-토 쿠다사이.
レシート ください。

기차 이용하기

일본은 독특한 기차가 많아서 기차 여행을 목표로 일본에 가는 관광객도 많은데요. 매표소에서 원하는 기차의 표를 원하는 자리로 예매하고, 목적지에서 잘 내릴 때까지 할 수 있는 말을 골라 자신 있게 말해보세요.

역의 출구 / 시설 위치 묻기

오여사

표 사는 곳
킵뿌 우리바 은 어디예요?
와 도코데스까?
きっぷ うりば は どこですか。

표 사는 곳, 매표소
킵뿌 우리바
きっぷ うりば

타는 곳
노리바
のりば

동쪽 출입구
히가시 구찌
ひがし ぐち

↳ 〔서쪽〕 **니시** にし
〔남쪽〕 **미나미** みなみ
〔북쪽〕 **키따** きた
〔중앙〕 **츄-오-** ちゅうおう

〔1〕 **이찌** いち
〔3〕 **상** さん
p.140 기본 숫자 말하기를 참고해주세요.

2번 출구
니방 데구찌
にばん でぐち

엘리베이터
에레베-타-
エレベーター

화장실
토이레
トイレ

기념품 가게
키넹힝 우리바
きねんひん うりば

도시락 가게
에끼벤노 오미세
えきべんの おみせ

관광 안내소
캉코- 안나이죠
かんこう あんないじょ

ATM
에-티-에무
ATM

대기실
마찌아이시쯔
まちあいしつ

이동하기

숙박시설 이용하기

식사하기

쇼핑하기

관광하기

긴급상황 대처하기

해커스 여행일본어 10분의 기적

매표소에서 표 구입 / 예매하기

오사카까지
오-사까마데
어른 두 명
오또나 후따리
부탁합니다.
오네가이시마스.

おおさかまで おとな ふたり おねがいします。

지수

목적지 역 이름을 넣어보세요.

p.141 연령대, 인원수 말하기를 참고해주세요.

어른 두 명
오또나 후따리
おとな　ふたり

편도로
카따미찌데
かたみちで

왕복으로
오-후꾸데
おうふくで

p.144 시간 말하기를 참고해주세요.

오늘 오후 3시로
쿄-노 고고 산지데
きょうの　ごご　さんじで

내일 오전 9시로
아시따노 고젱 쿠지데
あしたの　ごぜん　くじで

가장 빠른 시간으로
이찌방 하야이노데
いちばん　はやいので

지정석으로
시떼-세끼데
していせきで

자유석으로
지유-세끼데
じゆうせきで

일등석으로
구리-인세끼데
グリーンせきで

창가 자리로
마도가와데
まどがわで

통로 자리로
쯔-로가와데
つうろがわで

제일 앞 칸
센또-샤료-데
せんとうしゃりょうで

제일 뒤 칸
사이코-비노 샤료-데
さいこうびの　しゃりょうで

매표소에서 표 변경이나 환불 요청하기

지수

5시 표로 바꿔주세요.
고지노 킵뿌니 카에떼 쿠다사이.
ごじの きっぷに かえて ください。

↳ 〔오늘〕 쿄- きょう
〔내일〕 아시따 あした
〔더 이른 시간〕 못또 하야이 지깡 もっと はやい じかん
p.144 시간 말하기를 참고해주세요.

오여사

표 환불해주세요.
킵뿌노 하라이모도시 오네가이시마스.
きっぷの はらいもどし おねがいします。

목적지까지 가는 기차 잘 타기

→ 목적지 역 이름을 넣어보세요.

지수

도쿄행은 어디에서 타나요?
토-쿄-유끼와 도코데 노리마스까?
とうきょうゆきは どこで のりますか。

오여사

여기가 도쿄행 맞나요?
콧찌가 토-쿄-유끼 데스까?
こっちが とうきょうゆき ですか。

목적지에서 잘 내리기

→ 목적지 역 이름을 넣어보세요.

오여사

다음이 오이타인가요?
쯔기가 오-이따데스까?
つぎが おおいた ですか。

이동하기
숙박시설 이용하기
식사하기
쇼핑하기
관광하기
긴급상황 대처하기
해외소 여행일본어 이온의 기적

기차 내에서 식사 및 도시락 사 먹기

지수

도시락은 어디서 살 수 있나요?
에끼벵와 도코데 카에마스까?
えきべんは どこで かえますか。

오여사

매점이 어디예요?
바이뗑와 도코데스까?
ばいてんは どこですか。

지수

(식사를 할 수 있는) 식당칸이 있나요?
쇼꾸도-샤가 아리마스까?
しょくどうしゃが ありますか。

문화를 알면 일본어가 더 재밌어진다!

하코다데역의 '홋꾸또지께세 - (북두칠성)'

기차 여행의 묘미 '에끼벵(えきべん)'

'에끼벵'이라는 말은 '에끼(역)'와 '벤또-(도시락)'의 앞 글자를 따서 만들어진 줄임 말로, 철도 역이나 열차 내에서 판매하는 도시락을 말해요.

'에끼벵'이 일본 기차 여행의 묘미로 꼽히는 이유는 각 지역의 특산품으로 만들어졌을 뿐 아니라 맛이 좋기로 유명하기 때문인데요. '맛있는 에끼벵 랭킹'이 있을 정도로 일본인들에게 많은 사랑을 받고 있답니다. '에끼벵'은 기차역에 있는 '에끼벵야(도시락 가게)'에서 구입하거나, 열차 내에서 구입할 수 있는데, 어디서 살 수 있는지 궁금할 때는 다음과 같이 물어보세요.

'에끼벵와 도쿄데 카에마스까(도시락은 어디서 살 수 있나요)?'

료칸에서 일본 전통 의식주 체험을 !

료칸은 전통 복장인 유카타나 전통 가옥 바닥재인 다다미, 전통 코스 요리인 가이세키 요리 등의 일본 전통문화를 체험하면서 온천으로 피로도 풀 수 있는 매력적인 숙박시설입니다. 게다가 '나카이 상'이라고 불리는 스태프가 방까지 식사를 가져다주고 자기 전에 이부도 깔아주는 등 료칸만의 독특한 서비스를 받을 수도 있어요. 일본만의 전통 생활을 체험하면서 일본인과 좀 더 가까이 교류하고 싶다면 하루 정도는 료칸에서 머물러 보는 것도 좋아요.

숙박시설 이용하기

 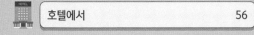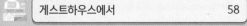

체크인 / 체크아웃 할 때

일본에 도착한 후 숙박시설에서 체크인 또는 체크아웃을 할 때 사용할 수 있는 말을 골라 자신 있게 말해보세요.

 체크인하기

지수

체크인 부탁합니다.
첵쿠잉 오네가이시마스.
チェックイン おねがいします。

네, 성함이 어떻게 되시나요?
하이, 오나마에와 난데스까?
はい、おなまえは なんですか。

숙박시설
직원

김지수입니다.
키무 지스 데스.
キム・ジスです。

지수

여권 부탁합니다.
파스포-토 오네가이시마스.
パスポート おねがいします。

숙박시설
직원

(여권을 건네며) 여기요.
하이.
はい。

지수

네, 여기 방 열쇠입니다.
하이, 코찌라가 헤야노 카기니 나리마스.
はい、こちらが へやの かぎに なります。

숙박시설
직원

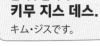

체크아웃은 몇 시까지입니까?
첵쿠아우토와 난지마데 데스까?
チェックアウトは なんじまで ですか。

지수

12시입니다.
쥬-니지데스.
じゅうにじです。

숙박시설
직원

체크아웃하기

(열쇠를 건네며) 체크아웃 부탁합니다.
첵쿠아우토 오네가이시마스.
チェックアウト おねがいします。

오여사

네, 이용해주셔서 감사합니다.
하이, 고리요- 아리가또- 고자이마스.
はい、ごりよう ありがとう ございます。

숙박시설
직원

짐 보관 가능한지 묻기

(내일까지) 짐 보관되나요?
(아시따마데) 니모쯔노 호캉 데끼마스까?
(あしたまで) にもつの ほかん できますか。

오여사

네, 몇 시에 오시나요?
하이, 난지니 이랏샤이마스까?
はい、なんじに いらっしゃいますか。

숙박시설
직원

p.144 시간 말하기를 참고해주세요.

(내일) 오후 8시에 올게요.
(아시따) 고고 하찌지니 키마스.
(あした) ごご はちじに きます。

오여사

네, 알겠습니다.
하이, 와까리마시따.
はい、わかりました。

숙박시설
직원

이런 말도 할 수 있어요

(예약한 룸타입이 맞는지 확인할 때)
금연[흡연]룸 맞죠?

킹엔[키쯔엔]노 헤야데스네?
きんえん[きつえん]の へやですね。

열쇠를 하나 더 받을 수 있나요?

카기오 모- 히또쯔 모라에마스까?
かぎを もう ひとつ もらえますか。

공항까지 가는 버스는 어디서 타나요?

쿠-코-마데노 바스와 도코데 노리마스까?
くうこうまでの バスは どこで のりますか。

물품을 요청하거나 이용 관련 문의할 때

숙소 이용 중에 부족하거나 필요한 것이 있다면 어려워하지 말고 적절한 표현을 골라 직원에게 자신 있게 요청해보세요.

필요한 물품 요청하기

[베개] **마꾸라** まくら
[담요] **모-후** もうふ

오여사

수건 1개 주세요.
타오루 히또쯔 쿠다사이.
タオル ひとつ ください。

지수

어댑터[손톱깎기] 있나요?
아다푸타-[쯔메끼리] 아리마스까?
アダプター[つめきり] ありますか。

네, 잠시만 기다려주세요.
하이, 쇼-쇼- 오마찌 쿠다사이.
はい、しょうしょう おまち ください。

숙박시설
직원

무료로 이용 가능한지 묻기

지수

사우나는 무료로 이용할 수 있나요?
사우나와 무료-데 리요- 데끼마스까?
サウナは むりょうで りよう できますか。

[노트북] **노-토 파소콩** ノート パソコン
[비즈니스 센터] **비지네스 센타-** ビジネス センター
[피트니스] **휫토네스** フィットネス

네, 됩니다.
하이, 데끼마스.
はい、できます。

숙박시설
직원

또는

그건 별도 요금이 있습니다.
소레와 벳또 료-킹가 아리마스.
それは べっと りょうきんが あります。

숙박시설
직원

조식 시간 문의하기

지수

조식은 언제인가요?
쵸-쇼꾸와 이쯔데스까?
ちょうしょくは いつですか。

오전 7시부터 9시까지입니다.
고젱 시찌지까라 쿠지마데스.
ごぜん しちじから くじまでです。

숙박시설
직원

주변 맛집이나 관광지 묻기

[사진 찍기 좋은 곳] **오스스메노 샤싱 스폿토** おすすめの しゃしん スポット
[야경이 예쁜 곳] **야케이가 키레-나 토코로** やけいが きれいな ところ

오여사

근처에 추천 식당 있나요?
치카꾸니 오스스메노 쇼꾸도- 아리마스까?
ちかくに おすすめの しょくどう ありますか。

(지도를 보여주며) 여기를 추천합니다.
코코가 오스스메데스.
ここが おすすめです。

숙박시설
직원

이런 말도 할 수 있어요

(예약하고 싶은 가게 정보를 건네며)
여기 예약을 부탁합니다.

코코노 요야꾸오 오네가이시마스.
ここの よやくを おねがいします。

택시 불러주세요.

타쿠시- 욘데 쿠다사이.
タクシー よんで ください。

우산을 빌려주세요.

카사오 카시떼 쿠다사이.
かさを かして ください。

이동하기 | 숙박시설 이용하기 | 식사하기 | 쇼핑하기 | 관광하기 | 긴급상황 대처하기 | 해커스 여행일본어 10분의 기적

숙소 이용 중 문제가 생겼을 때

숙소 이용 중에 시설의 고장이나 방 열쇠를 잃어버리는 등의 문제가 생겼다면, 당황하지 말고 적절한 말을 골라 데스크에 문의해보세요.

 시설 고장 알리기

지수

> 화장실 물이 안 내려가요.
> **토이레노 미즈가 나가레마셍.**
> トイレの みずが ながれません。

오여사

> 따뜻한 물이 안 나와요.
> **오유가 데마셍.**
> おゆが でません。

지수

> 에어컨이 안 켜져요.
> **에아콩가 츠끼마셍.**
> エアコンが つきません。

[히터] **담보-** だんぼう
[텔레비전] **테레비** テレビ

오여사

> 방이 추워요.
> **헤야가 사무이데스.**
> へやが さむいです。

[더워요] **아쯔이데스** あついです

지수

> 창문이 안 닫혀요.
> **마도가 시마리마셍.**
> まどが しまりません。

[안 열려요] **아끼마셍** あきません

> 바로 확인하겠습니다.
> **스구 카꾸닝 이따시마스.**
> すぐ かくにん いたします。

숙박시설
직원

방 변경 요청하기

오여사

방을 바꿔주세요.
헤야오 카에떼 쿠다사이.
へやを かえて ください。

※ 방을 바꾸는 이유를 말해보아요.

지수

방에 벌레가 나왔어요.
헤야니 무시가 데마시따.
へやに むしが でました。

또는

오여사

옆방이 시끄러워요.
토나리노 헤야가 우루사이데스.
となりの へやが うるさいです。

또는

지수

담배 냄새가 심해요.
타바코노 니오이가 히도이데스.
たばこの においが ひどいです。

바로 확인하겠습니다.
스구 카꾸닝 이따시마스.
すぐ かくにん いたします。

숙박시설
직원

열쇠를 방에 두고 나왔거나 잃어버렸을 때

오여사

방에 열쇠를 두고 나왔어요.
헤야니 카기오 오이따마마 데마시따.
へやに かぎを おいたまま でました。

또는

지수

방 열쇠를 잃어버렸습니다.
헤야노 카기오 나꾸시마시따.
へやの かぎを なくしました。

네, 알겠습니다. 잠시 기다려주세요.
하이, 카시코마리마시따. 쇼-쇼- 오마찌 쿠다사이.
はい、かしこまりました。しょうしょう おまち ください。

숙박시설
직원

전화로 예약을 변경 하거나 취소할 때

부득이하게 숙박 예약을 변경하거나 취소하기 위해 전화를 이용해야 하는 경우가 있는데요. 의사를 정확히 전달하기 위해 필요한 말을 골라 자신 있게 말해보세요.

 날짜 변경하기

지수

> 여보세요, 저는 김지수입니다.
> **모시모시, 와따시와 키무 지스데스.**
> もしもし、わたしは キム・ジスです。

지수

> 예약을 변경하고 싶어요.
> **요야꾸오 헹코- 시따이데스.**
> よやくを へんこう したいです。

> 네, 어떻게 변경 도와드릴까요?
> **하이, 도노요-니 헹코- 이따시마스까?**
> はい、どのように へんこう いたしますか。

숙박시설 직원

 p.142 날짜 말하기를 참고해주세요.

지수

> 2월 3일이 아니라 5일로 바꿀 수 있나요?
> **니가쯔 믹까쟈 나쿠떼, 이쯔까니 헹코- 데끼마스까?**
> にがつ みっかじゃ なくて、 いつかに へんこう できますか。

> 확인해 보겠으니 잠시 기다려주세요.
> **카꾸닝 시마스노데 쇼-쇼- 오마찌 쿠다사이.**
> かくにん しますので、 しょうしょう おまち ください。

숙박시설 직원

> 가능합니다.
> **카노-데스.**
> かのうです。

숙박시설 직원

또는

> 그날은 (예약이) 꽉 차있습니다.
> **소노 히와 입빠이데스.**
> その ひは いっぱいです。

숙박시설 직원

룸 타입 변경하기

오여사

금연룸으로 변경하고 싶어요.
킹엔노 헤야니 헹코- 시따이데스.
きんえんの へやに へんこう したいです。

[싱글룸] **싱구루 루-무** シングルルーム
[더블룸] **다.부루 루-무** ダブルルーム
[트윈룸] **츠인 루-무** ツインルーム
[흡연룸] **키쯔엔노 헤야** きつえんの へや

네, 확인하겠습니다.
하이, 카꾸닝 이따시마스.
はい、かくにん いたします。

숙박시설
직원

예약 취소하기

지수

↗ p.142 날짜 말하기를 참고해주세요.
2월 5일 예약한 김지수입니다.
니가쯔 이쯔까 요야꾸노 키무 지스데스.
にがつ いつか よやくの キム・ジスです。

지수

예약을 취소하고 싶어요.
요야꾸오 캰세루 데끼마스까.
よやくを キャンセル できますか。

네, 취소되었습니다.
하이, 캰세루 데끼마시따.
はい、キャンセル できました。

숙박시설
직원

이런 말도 할 수 있어요

※ p.144 시간 말하기를 참고해주세요.

오후 11시에 체크인할 것 같아요.

고고 쥬-이찌지니 첵쿠잉 시소-데스.
ごご 11じに チェックイン しそうです。

↗ 주로 료칸에서 제공하는 셔틀 서비스예요.

오후 11시에 송영버스를 탈 수
있을 것 같아요.

고고 쥬-이찌지니 소-게-바스니
노레소-데스.
ごご 11じに そうげいバスに のれそうです。

이동하기
숙박시설 이용하기
식사하기
쇼핑하기
관광하기
긴급상황 대처하기
해외소 여행일본어 · 이문의 기적

호텔에서

호텔의 편리함과 조식은 여행의 또 다른 즐거움! 수건과 같은 물품이 더 필요하거나 레스토랑 등 호텔 시설이 어디에 있는지 궁금할 때 자신 있게 요청하고 물어보세요. 일본어가 적힌 냉난방기 리모컨도 자유자재로 작동하여 쾌적한 숙박을 누려보세요.

욕실용품 등 추가 요청하기

지수

| 수건 | 부탁합니다. |
| 타오루 | 오네가이시마스. |

タオル おねがいします。

수건	비누	칫솔
타오루	**섹껭**	**하부라시**
タオル	せっけん	はブラシ

치약	티슈	면봉
하미가끼꼬	**팃슈**	**멤보–**
はみがきこ	ティッシュ	めんぼう

대여 가능한 물품이 있는지 묻기

오여사

| 가습기 | 있나요? |
| 카시쯔끼 | 아리마스까? |

かしつき ありますか。

가습기	어댑터(돼지코)	공기청정기
카시쯔끼	**아다푸타–**	**쿠–키 세–죠–키**
かしつき	アダプター	くうき せいじょうき

다리미	랜선	노트북
아이롱	**랑케–브루**	**노–토 파소콩**
アイロン	ランケーブル	ノートパソコン

부대 시설 위치 묻기

지수

레스토랑 은 몇 층인가요?
레스토랑 와 낭가이 데스까?
レストランは なんがい ですか。

레스토랑
레스토랑
レストラン

바(bar)
바-
バー

수영장
푸-루
プール

스파
스파
スパ

헬스장
훳토네스
フィットネス

비즈니스 센터
**비지네스
센타-**
ビジネス センター

냉난방 리모컨 사용하기

버튼의 위치는 다를 수 있지만 리모컨에 적힌 일본어는 동일합니다!

＊ 이건 버튼도 있어요.

停止
정지

パワフル
파워(냉방/난방)모드

送風
송풍

おやすみ
취침모드

におい除去
냄새 제거

게스트하우스에서

GUEST HOUSE

비교적 저렴하면서 다양한 사람들과 만나고 싶다면 게스트하우스를 이용해보세요. 다른 숙박시설과 달리 게스트하우스 특유의 시설 이용 방법이나 물품을 요청할 때 필요한 말을 골라 자신 있게 말해보세요.

현관 출입 비밀번호 묻기

지수

현관 비밀번호 알려주세요.
겡깐노 파스와-도 오시에떼 쿠다사이.
げんかんの パスワード おしえて ください。

필요한 물품 요청하고 무료인지 확인하기

지수

수건을 더 받을 수 있나요?
타오루오 못또 모라에마스까?
タオルを もっと もらえますか。

[칫솔] 하부라시 はブラシ
[샴푸] 샴푸- シャンプー

오여사

수건은 무료입니까?
타오루와 무료-데스까?
タオルは むりょうですか。

[자전거] 지뗀샤 じてんしゃ
※자전거를 무료로 대여해주는 곳도 있으니 무료인지 물어보고 빌려보도록 합시다.

시설의 위치와 이용 가능 시간 묻기

오여사

샤워실은 어디예요?
샤와-루-무와 도코데스까?
シャワールームは どこですか。

[세탁실] 센따꾸시쯔 せんたくしつ
[흡연실] 키쯔엔시쯔 きつえんしつ
[공용룸] 쿄-요-루-무 きょうようルーム

지수

샤워실은 몇 시까지입니까?
샤와-루-무와 난지마데데스까?
シャワールームは なんじまでですか。

이동하기

숙박시설 이용하기

식사하기

쇼핑하기

관광하기

긴급상황 대처하기

해카스 여행일본어 10분의 기적

시설 이용 규칙 물어보기

오여사

방에서 음식을 먹어도 되나요?
헤야데 타베모노오 타베떼모 이-데스까?
へやで たべものを たべても いいですか。

지수

통금이 있나요?
몽겡와 아리마스까?
もんげんは ありますか。

문화를 알면 일본어가 더 재밌어진다!

게스트하우스에서는 '루-루(ルール)'를 지키자!

'루-루'라는 말은 'rule'을 일본식으로 발음한 것으로, 규칙이라는 뜻이에요. 게스트하우스마다 공동생활에 필요한 '루-루'가 정해져 있는 경우가 많아, 곳곳에 규칙을 적어놓은 안내문이 아래와 같이 붙어 있는 곳이 많으므로, 잘 읽고 이해하여 '루-루'를 지키는 멋진 여행객이 되어보아요.

禁煙 금연

部屋は禁煙です。
방은 금연입니다.
喫煙所は1階にあります。
흡연실은 1층에 있습니다.

食事禁止 식사 금지

部屋は飲食禁止です。
방에서는 음식물 섭취금지입니다.
2階の共用ルームをご利用
ください。
2층 공용룸을 이용해주세요.

消灯 소등

ドミトリーは22時に消灯します。
도미토리는 22시에 소등합니다.

貴重品保管 귀중품 보관

館内での事故、盗難や紛失の
責任は一切負いかねます。
관내에서 벌어지는 사고, 도난, 분실
등의 책임은 지지 않습니다.

冷蔵庫 냉장고

冷蔵庫にものを入れる時は
名前を書きましょう。
냉장고에 음식을 넣을 때는 이름을
적어주세요.

료칸에서

일본의 정취를 즐길 수 있는 료칸. 료칸에서 온천을 이용할 때 또는 가이세키 요리를 먹을 때 필요한 말을 골라 자신 있게 말해보세요.

이용 시간 문의하기

지수

노천탕은 몇 시까지입니까?
로뗌부로와 난지마데데스까?
ろてんぶろは なんじまでですか。

[대욕장] **다이요꾸죠-** だいよくじょう
[기념품 판매점] **키넹힝 우리바** きねんひん うりば
[노래방] **카라오케** カラオケ

이용 예약하기

오여사

가족탕 예약 부탁합니다.
카조꾸부로노 요야꾸 오네가이시마스.
かぞくぶろの よやく おねがいします。

[기모노 대여] **키모노 렌타루** きもの レンタル
[마사지] **맛사-지** マッサージ
[송영버스] **소-게-바스** そうげいバス

식사 시간 정하기

지수

저녁 식사[조식]는 8시로 하고 싶어요.
유-쇼꾸[쵸-쇼꾸]와 하찌지니 시따이데스.
ゆうしょく[ちょうしょく]は はちじに したいです。

p.144 시간 말하기를 참고해주세요.

온천 이용 규칙 묻기

오여사

수건은 방에서 들고 가야 하나요?
타오루와 헤야까라 못떼 이끼마스까?
タオルは へやから もって いきますか。

[세면도구] **셍강요-힝** せんがんようひん

이동하기

숙박시설 이용하기

식사하기

쇼핑하기

관광하기

긴급상황 대처하기

해커스 여행일본어 10분의 기적

가이세키 요리 즐기기

(음식을 가리키며) 이건 몇 번째 요리인가요?
코레와 남밤메노 메뉴-데스까?
これは なんばんめの メニューですか。

지수

음식을 한 번에 차려주실 수 있나요?
료-리오 젬부 잇쇼니 다시떼 모라에마스까?
りょうりを ぜんぶ いっしょに だして もらえますか。

오여사

이게 마지막 메뉴인가요?
코레가 사이고노 메뉴-데스까?
これが さいごの メニュー ですか。

지수

문화를 알면 일본어가 더 재밌어진다!

일본의 맛과 멋을 즐길 수 있는 '가이세키(かいせき)' 요리

'가이세키' 라는 말은 '모이는(카이) 자리(세키)'라는 뜻으로, 에도시대에 연회 자리에서 즐기던 요리에서 유래된 연회용 코스 요리 입니다. 이러한 연회용 요리를 예쁜 그릇에 예술품처럼 담아내기 때문에 많은 여행객들을 사로잡고 있는데요. 다소 생소한 요리들이 계속 나오기 때문에 요리의 이름과 재료를 아래와 같이 메뉴로 정리해 함께 제공해준답니다. 어떤 요리인지 알고 먹으면 더욱 멋진 식사를 즐길 수 있어요.

① 先付
春豆と豆乳の寄せ豆腐
② 椀物
清まし汁仕立て
③ 向付
造り盛り合わせ
④ 煮物
桜花蒸し
⑤ 焼き物
伊万里牛の焼きしゃぶ
⑥ 揚げ物
白魚岩石揚げ旬菜
⑦ 食事
赤米、桜海老釜飯
⑧ 水菓子
本日のデザート

① 先付 사끼즈께 - 전채요리

② 椀物 왐모노 - 국이나 조림요리

③ 向付 무코-즈께 - 회

④ 煮物 니모노 - 김요리

⑤ 焼き物 야끼모노 - 구이 요리

⑥ 揚げ物 아게모노 - 튀김요리

⑦ 食事 쇼꾸지 - 밥, 된장국, 채소 절임

⑧ 水菓子 미스가시 - 과일

내 생애 최고의 스시를 찾아서 !

스시는 아마도 일본 여행 중 먹고 싶은 요리 3위 안에는 반드시 들어 있겠죠? 어디에서 어떤 스시를 먹어야 할까요? 도쿄 츠키지 시장에는 새벽 5시 전부터 줄을 서야 하고 좌석이 8개뿐인 인기 만점 스시집이 있는가 하면, 긴자에는 한 끼에 30만 원이 넘는데도 불구하고 한 달 전부터 예약을 잡아야 하는 장인의 스시집도 있습니다. 갓 잡은 신선한 재료로 만든 스시와 75년의 장인의 혼이 깃든 스시, 그 맛이 어떻게 다를지 참 궁금하지 않나요?

식사하기

식당에 들어갈 때

일본에서는 식당에 들어갈 때 자리에 바로 앉지 않고 먼저 점원에게 몇 명인지 말합니다. 자리에 앉을 때까지의 흐름을 잘 익혀 어느 식당이든 자신 있게 들어가고 앉고 싶은 좌석에 앉아보세요.

인원 말하기

어서오세요. 몇 분이세요?
이랏샤이마세. 남메-사마 데스까?
いらっしゃいませ。なんめいさま ですか。

식당 점원

두 명이에요.
후따리데스.
ふたりです。

지수

[1명] **히)또리** ひとり
[3명] **산닝** さんにん

이쪽으로 오세요.
코찌라에 도-조.
こちらへ どうぞ。

식당 점원

앉고 싶은 자리 말하기

저쪽에 앉고 싶어요.
아소코니 스와리따이데스.
あそこに すわりたいです。

지수

[창가] **마도가와** まどがわ
[금연석] **킹엔세끼** きんえんせき
[흡연석] **키쯔엔세끼** きつえんせき
[모두 같은 자리] **민나 잇쇼노 세끼**
みんな いっしょの せき

또는

테이블로 부탁합니다.
테-브루데 오네가이시마스.
テーブルで おねがいします。

오여사

[카운터] **카운타-** カウンター

안내해 드리겠습니다.
고안나이 이따시마스.
ごあんない いたします。

식당 점원

이동하기

숙박시설 이용하기

식사하기

쇼핑하기

관광하기

긴급상황 대처하기

해외소 여행일본어 · 일본의 기적

 빈자리나 대기 시간 묻기

오여사

자리 있나요?
세끼 아이떼 마스까?
せき あいて ますか。

죄송합니다, 지금은 만석입니다.
스미마셍, 타다이마 만세끼데스.
すみません、ただいま まんせきです。

식당 점원

지수

얼마나 기다려야 하나요?
도레구라이 마찌마스까?
どれぐらい まちますか。

앞으로 30분 정도입니다.
아또 산쥬뿡 구라이데스.
あと さんじゅっぷん ぐらいです。

식당 점원

오여사

그럼, 기다릴게요.
쟈, 마찌마스.
じゃ、まちます。

또는

지수

그럼, 괜찮습니다.
쟈, 다이죠-부데스.
じゃ、だいじょうぶです。

이런 말도 할 수 있어요

	(휴대전화를 보여주며) 여기서 충전할 수 있나요?	**코코데 쥬-뎅 데끼마스까?** ここで じゅうでん できますか。
	짐은 어디에 두나요?	**니모쯔와 도코니 오키마스까?** にもつは どこに おきますか。
	어린이용 의자가 있나요?	**코도모노 이스 아리마스까?** こどもの いす ありますか。

음식 주문할 때

일본의 식당에서 메뉴를 보면 무엇을 주문해야 할지 막막한 경우가 자주 있어요. 그럴 때 맛있는 요리를 추천받거나, 평소 먹어보고 싶은 음식이 있다면 자신있게 주문해 보세요.

음식 추천받기

지수

　　　　　　　　　　　↗ [매운 것] 카라이노 からいの
추천 메뉴는 무엇인가요?
오스스메와 난데스까?
おすすめは なんですか。

또는

오여사

무엇이 가장 인기 있나요?
나니가 이찌방 닝끼데스까?
なにが いちばん にんきですか。

(메뉴를 가리키며) 이거예요.
코레데스.
これです。

식당 점원

지수

그거 주세요.
소레 오네가이시마스.
それ おねがいします。

또는

오여사

좀 생각해 볼게요.
촛또 캉가에마스.
ちょっと かんがえます。

음식과 음료 주문하기

지수

　　　　　　　　　↗ [2개] 후따쯔 ふたつ
　　　　　　　　　↗ [3개] 밋쯔 みっつ
(메뉴를 가리키며) 이거 **하나**랑 이거 하나 주세요.
코레 히또쯔또 코레 히또쯔 쿠다사이.
これ ひとつと これ ひとつ ください。

(옆 테이블 음식을 가리키며) 저거랑 같은 것으로 주세요.
아레또 오나지모노 쿠다사이.
あれと おなじもの ください。

생맥주 하나 주세요.
나마비-루 히또쯔 쿠다사이.
なまビール ひとつ ください。

[시원한 물] **오히야** おひや
[따뜻한 차] **아따따까이 오챠** あたたかい おちゃ

주문 바꾸기

저기요, 주문을 바꾸고 싶어요.
스미마셍, 츄-몽 카에따이데스.
すみません、ちゅうもん かえたいです。

(메뉴판을 가리키며) 이거 취소해주세요.
코레 캰세루 오네가이시마스.
これ キャンセル おねがいします。

알겠습니다.
카시코마리마시따.
かしこまりました。

식당 점원

이런 말도 할 수 있어요

한국어[영어] 메뉴 있나요?
캉코꾸고[에-고]노 메뉴- 아리마스까?
かんこくご[えいご]の メニュー ありますか。

음료는 밥과 함께 주세요.
노미모노와 고한또 잇쇼니 오네가이시마스.
のみものは ごはんと いっしょに おねがいします。

※ 고기, 나베(전골) 요리를 주문할 때

이거 2인분 [1인분 / 3인분] 주세요.
코레 니닝마에 [이찌님마에 / 산님마에] 쿠다사이.
これ ににんまえ [いちにんまえ / さんにんまえ] ください。

채식 메뉴 있나요?
베지타리안노 메뉴- 아리마스까?
ベジタリアンの メニュー ありますか。

이동하기
숙박시설 이용하기
식사하기
쇼핑하기
관광하기
긴급상황 대처하기
해커스 여행일본어 10문장의 기적

추가 주문 / 요청할 때

일본의 식당은 우리나라와 다르게 밑반찬 등 사이드 메뉴를 추가할 때는 유료인 경우가 많아서 무료인지 꼭 확인해야 하는데요. 이런 경우를 포함하여 추가 주문할 때 할 수 있는 말을 골라 자신 있게 말해보세요.

음식과 음료 추가 주문하기

[맥주] **비-루** ビール

지수

> 저기요, 이거 하나 더 주세요.
> **스미마셍, 코레 모- 히또쯔 쿠다사이.**
> すみません、これ もう ひとつ ください。

> 네, 알겠습니다.
> **하이, 카시코마리마시따.**
> はい、 かしこまりました。

식당 점원

필요한 물품 달라고 하기

오여사

> 젓가락 (한 개) 주세요.
> **오하시 (히또쯔) 쿠다사이.**
> おはし (ひとつ) ください。

[시원한 물] **오히야** おひや
[냅킨] **나푸킹** ナプキン
[숟가락] **스푸-웅** スプーン
[포크] **휘-크** フォーク
[앞접시] **토리자라** とりざら

> 네, 여기요.
> **하이, 도-조.**
> はい、 どうぞ。

식당 점원

사이드 메뉴나 반찬 더 달라고 하기

오여사

> 이거 무료로 리필되나요?
> **코레 무료-데 오카와리 데끼마스까?**
> これ むりょうで おかわり できますか。

네, 무료입니다
하이, 무료-데스.
はい、むりょうです。

식당 점원

또는

추가 요금이 있습니다
쯔이까 료-킹가 고자이마스.
ついか りょうきんが ございます。

식당 점원

하나 더 부탁합니다.
모- 히또쯔 오네가이시마스.
もう ひとつ おねがいします。

지수

또는

그럼, 됐어요.
쟈, 이-데스.
じゃ、いいです。

오여사

 주문한 음식이 안 나올 때

주문한 거 아직인가요?
츄-몬시따 모노 마다데스까?
ちゅうもんした もの まだですか。

지수

확인해 보겠습니다. 잠시만 기다려 주세요.
카꾸닝 이따시마스. 쇼-쇼- 오마찌 쿠다사이.
かくにん いたします。しょうしょう おまち ください。

식당 점원

이런 말도 할 수 있어요

	먹는 법을 알려주세요.	**타베까따오 오시에떼 쿠다사이.** たべかたを おしえて ください。
	남은 거[이 메뉴] 포장 되나요?	**노콧따 모노[코노 메뉴-] 모찌카에리 데끼마스까?** のこった もの[この メニュー] もちかえり できますか。

이동하기

숙박시설 이용하기

식사하기

쇼핑하기

관광하기

긴급상황 대처하기

해외스 여행일문보 · 0분의 기적

다 먹고 계산할 때

음식을 맛있게 다 먹었으면, 어디서 계산해야 하는지, 얼마나 나왔는지 궁금해지는 건 너무 당연합니다. 이때 하고 싶은 말을 골라서 자연스럽게 물어보세요. 음식이 너무나 맛있었으면 식당 명함도 달라고 하고 식당 이름도 물어보세요. 식사의 즐거움이 더 오래 추억으로 남을 거예요.

 자리에서 계산하기 ·····································

지수

저기요, 계산해주세요.
스미마셍, 오카이케- 오네가이시마스.
すみません、おかいけい おねがいします。

또는

오여사

저기요, 전부 해서 얼마인가요?
스미마셍, 젬부데 이꾸라데스까?
すみません、ぜんぶで いくらですか。

(주문 내역서를 주며) 네, 여기 있습니다.
하이, 코찌라니 나리마스.
はい、こちらに なります。
식당 점원

 계산대에서 계산하기 ·····························

합계 2850엔 입니다.
오카이케- 니셍 합빠꾸 고쥬-엔니 나리마스.
おかいけい 2850えんに なります。

식당 점원

※ 카드로 계산하기는 P.지을 참고해주세요.

오여사

(현금을 지불하며) 여기요.
하이.
はい。

오여사

영수증 부탁합니다.
레시-토 오네가이시마스.
レシート おねがいします。

이동하기

숙박시설 이용하기

식사하기

쇼핑하기

관광하기

긴급상황 대처하기

해커스 여행일본어 1주일의 기적

금액이 맞는지 묻기

거스름돈이 틀려요.
오쯔리가 치가이마스.
おつりが ちがいます。

지수

※일본의 이자카야 등의 가게에서는 자릿세를 받는 경우가 있습니다. 자릿세 외에도 서비스 요금(사-비스료-) 등이 포함될 수 있어요.

이 요금은 무엇입니까?
코노 료-킹와 난데스까?
この りょうきんは なんですか。

지수

자릿세입니다.
오토-시다이데스.
おとおしだいです。

식당 점원

그렇군요. 알겠습니다.
소-데스까. 와까리마시따.
そうですか。わかりました。

지수

맛있어서 가게 이름 물어보기

맛있네요~.
오이시-데스네~.
おいしいですね～。

오여사

※간판, 명함에 적힌 상호명이 한자로 되어 있어서 알기 어려울 때는 점원에게 직접 물어봅시다.

여기 이름이 뭔가요?
코코노 나마에와 난데스까?
ここの なまえは なんですか。

오여사

이찌란 라멘입니다.
이찌랑 라-멘데스.
いちらん ラーメンです。

식당 점원

이런 말도 할 수 있어요

따로따로 계산해주세요.

베쯔베쯔데 오네가이시마스.
べつべつで おねがいします。

여기(테이블)에서 계산하나요?

코코(테-부루)데 케-상 시마스까?
ここ(テーブル)で けいさん しますか。

전화로 식당 예약할 때

전화로만 예약을 받는 유명 맛집들의 음식을 맛보기 위해서는 전화를 거는 용기가 필요하답니다.
예약할 때 필요한 말을 따라 하면, 전화 예약도 자신 있게 할 수 있어요.

 원하는 날짜와 시간에 식당 예약하기 ··

지수

여보세요, 예약 되나요?
모시모시, 요야꾸 데끼마스까?
もしもし、よやく できますか。

식당 점원

네, 됩니다.
하이, 데끼마스.
はい、できます。

↗ p.142 날짜 말하기, p.144 시간 말하기를 참고해주세요.

9월 3일 오후 7시 부탁합니다.
쿠가쯔 믹까노 고고 시찌지 오네가이시마스.
くがつ みっかの ごご しちじ おねがいします。
지수

지수

식당 점원

몇 분이세요?
남메-사마 데스까?
なんめいさま ですか。

【1명】 **히또리** ひとり
↗【3명】 **산닝** さんにん

두 명입니다.
후따리데스.
ふたりです。

지수

성함과 전화번호 부탁합니다.
오나마에또 오뎅와방고- 오네가이시마스.
おなまえと おでんわばんごう おねがいします。

식당 점원

이름은 김지수입니다.
나마에와 키무 지스데스.
なまえは キム・ジスです。

지수

p.140 전화번호 말하기를 참고해주세요.

지수

전화번호는 010-1234-5678입니다.
뎅와방고-와 제로이찌제로노 이찌니상용노 고로꾸나나하찌데스.
でんわばんごうは 010-1234-5678です。

네, 예약됐습니다.
하이, 요야꾸 데끼마시따.
はい、よやく できました。

식당 점원

p.142 날짜 말하기,
p.144 시간 말하기를 참고해주세요.

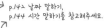 원하는 시간에 예약이 안될 때 다른 시간으로 예약하기

지수

9월 3일 오후 7시 부탁합니다.
쿠가쯔 믹까노 고고 시찌지 오네가이시마스.
くがつ みっかの ごご しちじ おねがいします。

7시는 예약이 다 차있습니다.
시찌지와 요야꾸가 입빠이데스.
しちじは よやくが いっぱいです。

식당 점원

지수

8시는 어떤가요?
하찌지와 도-데스까?
はちじは どうですか。

8시라면 가능합니다.
하찌지나라 데끼마스.
はちじなら できます。

식당 점원

 방문 예정 당일 예약을 취소할 때

지수

오늘 예약을 취소하고 싶어요.
쿄-노 요야꾸오 칸세루 시따이데스.
きょうの よやくを キャンセル したいです。

성함이 어떻게 되시나요?
오나마에와 난데스까?
おなまえは なんですか。

식당 점원

지수

김지수입니다.
키무 지스데스.
キム・ジスです。

네, 취소되었습니다.
하이, 캰세루 데끼마시따.
はい、キャンセル できました。

식당 점원

이동하기

숙박시설 이용하기

식사하기

쇼핑하기

관광하기

긴급상황 대처하기

해커스 여행일본어 10문의 기적

스시 전문점에서

스시 메뉴판은 생선 종류가 매우 다양한데요. 유명 맛집에 가면 한자로만 되어있는 메뉴도 많습니다. 우리말로 된 스시 종류와 독음을 보며 먹고 싶은 스시를 자신 있게 주문해보세요.

스시 주문하기

지수

광어 히라메	하나 주세요. 히또쯔 쿠다사이.

【2개】 후따쯔 ふたつ
【3개】 밋쯔 みっつ

ひらめ ひとつ ください。

※ 스시 종류는 대략 '가나다 순'으로 배치되어 있어요. 그리고 인기 있는 스시 메뉴는 그림이 커서 쉽게 찾을 수 있어요!

광어
히라메
ひらめ (ヒラメ, 鮃)

가다랑어
카쯔오
かつお (カツオ, 鰹)

가리비
호따떼
ほたて (ホタテ, 帆立)

갈치
타찌우오
たちうお (タチウオ, 太刀魚)

계란
타마고
たまご (タマゴ, 卵)

고등어
사바
さば (サバ, 鯖)

광어
지느러미
엥가와
えんがわ (エンガワ, 縁側)

날치
토비우오
とびうお (トビウオ, 飛魚)

농어
스즈끼
すずき (スズキ, 鱸)

단새우
아마에비
あまえび (アマエビ, 甘海老)

도미
타이
たい (タイ, 鯛)

문어
타꼬
たこ (タコ, 蛸)

방어
부리
ぶり (ブリ, 鰤)

마래미
(방어의 새끼)
하마찌
はまち (ハマチ, 魬)

복어
후구
ふぐ (フグ, 河豚)

붕장어
아나고
あなご (アナゴ, 穴子)

성게알
우니
うに(ウニ, 雲丹)

새우
에비
えび(エビ, 海老)

송어
마스
ます (マス, 鱒)

오징어
이까
いか (イカ, 烏賊)

연어 뱃살
사-몽하라스
サーモンハラス

연어
사케
さけ (サケ, 鮭)

연어알
이꾸라
いくら (イクラ)

장어
우나기
うなぎ (ウナギ, 鰻)

전갱이
아지
あじ (アジ, 鯵)

전복
아와비
あわび (アワビ, 鮑)

정어리
이와시
いわし (イワシ, 鰯)

참치
마구로
まぐろ (マグロ, 鮪)

참치 중뱃살
츄-토로
ちゅうとろ (中トロ)

참치의 배 부위로, 지방이 약간 많고
불그스름한 부분.

참치 대뱃살
오-토로
おおとろ (大トロ)

참치 중에 지방이 가장 많지만 맛도 가장 좋은
부위로 가격이 제일 비쌈.

청어알
카즈노코
かずのこ (数の子)

피조개
아까가이
あかがい (アカガイ, 赤貝)

해삼
나마코
なまこ (ナマコ, 海鼠)

이동하기

숙박시설 이용하기

식사하기

쇼핑하기

관광하기

긴급상황 대처하기

해외송금 여행일로보 | 오늘의 기적

오여사

셰프 특선 메뉴
오마카세 하나 주세요.
히또쯔 쿠다사이.
おまかせ ひとつ ください。

[2개] **후따쯔** ふたつ
[3개] **밋쯔** みっつ

[세트] **셋또** セット

셰프 특선 메뉴
오마카세
おまかせ

한정 메뉴
겐떼- 메뉴-
げんてい メニュー (限定メニュー)

생맥주
나마비-루
なまビール

레몬 사와
레몽 사와-
レモンサワー
소주에 탄산과 레몬즙을 섞은 것

콜라
코-라
コーラ

우롱차
우-론챠
ウーロンちゃ (ウーロン茶)
녹차와 홍차의 중간 성질을
가진 중국차

지수

오이
큐-리 는 빼주세요.
와 누이떼 쿠다사이.
きゅうりは ぬいて ください。

오이
큐-리
きゅうり

갑각류
코-카꾸루이
こうかくるい

조개류
카이루이
かいるい

(생)새우
(나마)에비
(なま)えび

계란
타마고
たまご

문어
타코
たこ

식사 중에 필요한 것 요청하기

오여사

저기요, 　고추냉이　 (더) 주세요.
스미마셍, **와사비** **(못또) 쿠다사이.**

すみません、わさび （もっと） ください。

고추냉이
와사비
わさび

생강 절임
가리
がり

락교
락꾜-
らっきょう

시원한 물
오히야
おひや

간장 접시
쇼-유자라
しょうゆざら

젓가락
오하시
おはし

문화를 알면 일본어가 더 재밌어진다!

셰프 특선 메뉴 '오마카세(おまかせ)'

'오마카세'라는 말은 '맡기다'라는 뜻으로 타인에게 공손하게 부탁할 때 사용하는 말로, 음식점에서 사용될 때는 '셰프에게 맡기는 메뉴'라는 뜻이에요. '오마카세'를 스시 전문점에서 흔히 볼 수 있는 이유는 회의 특성상 재료의 신선도가 중요하기 때문인데요. 그날 가장 신선한 재료를 셰프가 엄선하여 구성한 세트 메뉴이기 때문에 '오마카세'는 가격이 조금 있는 편이지만 맛이 보장된다는 장점이 있답니다. 따라서 일본 여행 중 그날 가장 신선하고 맛있는 스시를 즐기고 싶다면 다음과 같이 말해보세요.

'오마카세 쿠다사이(셰프 특선 메뉴 주세요)'

라멘 전문점에서

일본의 라멘 전문점은 주문 용지에 원하는 옵션을 체크하기도 하고, 자판기로 주문을 하기도 합니다. 주문 용지나 자판기의 일본어를 어려워하지 말고, 취향에 맞게 먹고 싶은 일본의 라멘을 즐겨보세요.

라멘 종류 선택하기

지수

돈코츠 라멘 하나 주세요.
통코쯔 라-멩 히또쯔 쿠다사이.
とんこつ ラーメン ひとつ ください。

【2개】 **후따쯔** ふたつ
【3개】 **밋쯔** みっつ

돈코츠 라멘
통코쯔 라-멩
とんこつ ラーメン
(豚骨ラーメン)

간장 라멘
쇼-유 라-멩
しょうゆ ラーメン
(醤油ラーメン)

된장 라멘
미소 라-멩
みそ ラーメン
(味噌ラーメン)

소금 라멘
시오 라-멩
しお ラーメン
(塩ラーメン)

찍어 먹는 라멘
츠께멩
つけめん

면의 원하는 익힘 정도 말하기

오여사

면(의 익힘 정도)은 보통으로 부탁합니다.
멩와 후쯔-데 오네가이시마스.
めんは ふつうで おねがいします。

보통으로
후쯔-데
ふつうで (普通で)

덜 삶은 것으로
카따메데
かためで (硬めで)

푹 삶은 것으로
야와라까메데
やわらかめで (柔らかめで)

78 무료 학습 자료 제공 | japan.Hackers.com

원하는 국물 맛 말하기

지수

국물은 **스-뿌와** 보통으로 **후쯔-데** 부탁합니다. **오네가이시마스.**

スープは ふつうで おねがいします。

보통으로	연하게	진하게	맵게
후쯔-데	**우스메데**	**코이메데**	**카라메데**
ふつうで (普通で)	うすめで (薄めで)	こいめで (濃いめで)	からめで (辛めで)

추가하고 싶은 토핑 선택하기

오여사

차-슈- 차슈 추가해주세요. **쯔이까시떼 쿠다사이.**

チャーシュー ついかして ください。

차슈
챠-슈-
チャーシュー

달걀
타마고
たまご (卵)

파
네기
ねぎ

김
노리
のり (海苔)

죽순
멘마
メンマ

숙주
모야시
もやし

옥수수
코-옹
コーン

버터
바타-
バター

미역
와까메
わかめ (若布)

이동하기
숙박시설 이용하기
식사하기
쇼핑하기
관광하기
긴급상황 대처하기
해커스 여행일본어 1문장 기적

주문표를 보고 직접 체크하여 내 취향에 맞는 라멘을 주문해 봅시다.

全項目 に○をつけてください。

모든 항목에 O를 해주세요.

初めての方は「基本」（秘伝のたれは「1 / 2倍」）がお勧めです。

처음인 분께는 '기본'(비법 소스는 1/2배)을 추천합니다.

味の濃さ 맛의 진하기	うす味 연한 맛		基本 기본 ○		こい味 진한 맛
こってり度 기름진 정도	なし 넣지 않음	あっさり 담백함	基本 기본	こってり 약간 진함 ○	超こってり 매우 진함
にんにく 마늘	なし 넣지 않음	少々 조금	基本 기본 *1/4개	1/2片分 1/2쪽 ○	1片分 한 쪽 *한 쪽까지는 무료
ねぎ 파	なし 넣지 않음		白ねぎ 대파 ○		青ねぎ 실파
チャーシュー 차슈	なし 넣지 않음			あり 넣음 ○	
秘伝のたれ 비법 소스 唐辛子ベースのたれです。 고추 베이스의 소스입니다.	なし 없음 お子様には (なし)がおす すめ! 어린이에게는 넣지 않음을 추천!	1/2倍 1/2배 初めての方は 1/2倍がおす すめ! 처음인 분은 1/2배를 추천!	基本 기본 ○	2倍 2배	*3〜10 （ 倍） *3〜10배 （ 배） 辛さ10倍まで は無料 10배까지는 무료
麺のかたさ 면의 단단함	超かた 매우 단단함	かため 단단함 ○	基本 보통	やわめ 부드러움	超やわ 매우 부드러움

※有料 유료	追加にんにく 마늘 추가 (+2片分) (+ 2쪽)	120円 120엔	追加：秘伝のたれ（ ）倍 추가: 비법 소스 （ 배） * ※11〜20倍まで *11〜20배까지		120円 120엔

ご記入後は、前の 呼出しボタン を押してください。

기입하신 후에 앞에 호출 버튼을 눌러주세요.

라멘 식권 자판기로 주문하기

식권 자판기에 돈을 넣고 원하는 메뉴와 토핑 등을 선택하면 식권이 나와요. 식권의 절반은 직원에게, 나머지 절반은 테이블 위에 놓고 라멘이 나올 때까지 기다리면 끝!! 라멘 주문 어렵지 않죠?!

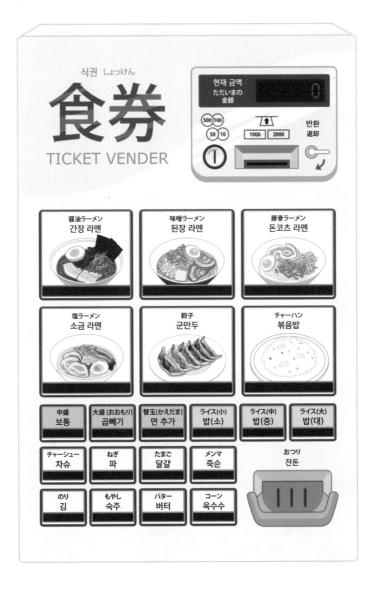

일본 가정식 전문점에서

일본의 가정식 전문점에서는 한국인에게도 친근한 돈가스나 규동과 같은 다양한 종류
의 음식을 맛볼 수 있답니다. 아래의 표현을 사용해서 먹고 싶은 메뉴와 음료를 자신 있
게 주문해보세요.

밥 / 면류 주문하기

지수

소고기 덮밥 **규-동** 하나 주세요.
히또쯔 쿠다사이.
ぎゅうどん ひとつ ください。

[2개] **후따쯔** ふたつ
[3개] **밋쯔** みっつ

소고기 덮밥
규-동
ぎゅうどん (牛丼)

튀김 덮밥
텐동
てんどん (天丼)

오야코동
오야코동
おやこどん (親子丼)
닭과 계란이 함께 들어 있어 부모와 자식이라
는 뜻을 가진 덮밥.

돈가스 덮밥
카쯔동
かつどん (カツ丼)

장어 덮밥
우나동
うなどん (うな丼)

차에
말아 먹는 밥
오챠즈케
おちゃづけ (御茶漬け)

유부 우동
키쯔네 우동
きつね うどん

튀김
부스러기 우동
타누끼 우동
たぬき うどん

튀김 우동
템뿌라 우동
てんぷら うどん (天ぷら うどん)

김 가루를
얹은 소바
자루소바
ざるそば (ざる蕎麦)

국물에 담겨
나오는 소바
카께 소바
かけそば (かけ蕎麦)

채소 튀김을
얹은 소바
카끼아게 소바
かきあげそば (かき揚げ蕎麦)

이동하기

숙박시설 이용하기

식사하기

쇼핑하기

관광하기

긴급상황 대처하기

해커스 여행일본어 인문의 기적

정식 주문하기

오여사

[2개] 후따쯔 ふたつ
[3개] 밋쯔 みっつ

정식 하나 주세요.
닭 튀김
카라아게 **테-쇼꾸 히또쯔 쿠다사이.**

からあげ ていしょく ひとつ ください。

닭 튀김
카라아게
からあげ (唐揚げ)

고기 생강구이
쇼-가야끼
しょうがやき (生姜焼き)

미야자키식
닭 튀김 요리
치킨 남방
チキン なんばん (チキン南蛮)

돈가스
통까쯔
とんかつ (豚カツ)

고기 감자조림
니꾸쟈가
にくじゃが (肉じゃが)

고등어 소금구이
**사바노
시오야끼**
さばの しおやき (鯖の塩焼き)

밥 사이즈 고르기

지수

밥 사이즈는
대(大)
고한노 사이즈와 **다이** **데 오네가이시마스.**
(으)로 부탁합니다.

ごはんの サイズは だいで おねがいします。

대(大)
다이
だい

중(中)
츄-
ちゅう

소(小)
쇼-
しょう

냄비 요리 주문하기

오여사

샤부샤부 2인분 주세요.
샤부샤부 니닝마에 쿠다사이.
しゃぶしゃぶ ににんまえ ください。

[1인분] 이찌닝마에 いちにんまえ
[3인분] 산닝마에 さんにんまえ
[4인분] 요닝마에 よにんまえ

샤부샤부
샤부샤부
しゃぶしゃぶ

스키야키
스끼야끼
すきやき (すき焼き)

곱창 전골
모쯔 나베
もつなべ (もつ鍋)

창코 전골
챵코 나베
ちゃんこなべ (ちゃんこ鍋)
스모 선수촌에서 유래된 스태미나 전골

모듬 전골
요세 나베
よせなべ (寄せ鍋)

닭고기 전골
미즈타키
みずたき (水炊き)
닭 육수가 베이스인 전골

사이드 메뉴 주문하기

지수

계란말이 하나 주세요.
타마고야끼 히또쯔 쿠다사이.
たまごやき ひとつ ください。

[2개] 후따쯔 ふたつ
[3개] 밋쯔 みっつ

계란말이
타마고야끼
たまごやき (卵焼き)

된장국
미소시루
みそしる (味噌汁)

낫토
낫또ー
なっとう (納豆)

마를 갈아낸 것
토로로
とろろ

샐러드
사라다
サラダ

양념을 올린
냉 두부
히야약꼬
ひややっこ (冷奴)

이동하기

숙박시설 이용하기

식사하기

쇼핑하기

관광하기

긴급상황 대처하기

해커스 여행일본어 10문의 기적

특별 메뉴 확인하기

오여사

오늘의 메뉴 있나요?
히가와리 메뉴- 아리마스까?
ひがわり メニュー ありますか。

오늘의 메뉴
히가와리 메뉴-
ひがわり メニュー
(日替わり メニュー)

추천 세트
오스스메노 셋또
おすすめの セット

런치 메뉴
란치 메뉴-
ランチ メニュー

문화를 알면 일본어가 더 재밌어진다!

시원하게 한 잔 하고 시작!
'토리아에즈 비-루 쿠다사이(とりあえず ビール ください)'

'토리아에즈 비-루 쿠다사이'라는 말은 '토리아에즈(우선)'와 '비-루(맥주) 쿠다사이(주세요)'를 합친 말로, 무엇을 먹을지 고민하며 시간을 보내기 전에 우선 맥주부터 주문하는 말이에요. 특히 회식 자리나 모임 등에서 여러 사람이 첫 번째 음료를 '비-루'로 통일하면 최대한 빠르게 건배를 할 수 있기 때문에 '토리아에즈 비-루 쿠다사이'라고 하는 경우가 잦고, 이로 인해 일반적인 식사 자리에서도 널리 쓰이게 되었답니다.

일본 여행 중에 맥주를 마시고 싶을 때는 식사를 주문하기 전이라도 편안하게 다음과 같이 말해보세요.

'토리아에즈 비-루 쿠다사이(우선 맥주 주세요)'

카페에서

"아이스 커피 큰 사이즈 한 잔, 시럽 추가해 주세요. 딸기 생크림 케이크 하나 주시고요."
나만의 커피 취향, 내가 좋아하는 디저트를 마음껏 주문해 보세요.

커피와 차 주문하기

〔2개〕 **후따쯔** ふたつ
〔3개〕 **밋쯔** みっつ

지수

아이스[핫]   커피   하나 주세요.
아이스[홋또]   **코-히-**   **히또쯔 쿠다사이.**
アイス[ホット]   コーヒー   ひとつ ください。

※발음이 한국어와 많이 다른 메뉴 위주로 수록하였어요. '아메리카노'처럼 영어 발음과 비슷한 음료는 편하게 주문해 보세요.

커피
코-히-
コーヒー

두유 라떼
소이 라떼
ソイ ラテ

녹차
맛챠
まっちゃ

홍차
코-챠
こうちゃ

얼그레이
아-루구레-
アールグレイ

음료 사이즈 선택하기

오여사

중간   사이즈로 부탁합니다.
츄-캉   **사이즈데 오네가이시마스.**
ちゅうかん   サイズで おねがいします。

중간
츄-캉
ちゅうかん

작은
치-사이
ちいさい

큰
오-키-
おおきい

옵션 추가하거나 빼기

지수

시럽 추가해[빼]주세요.
시롭뿌 쯔이까시떼[누이떼] 쿠다사이.
シロップ ついかして[ぬいて] ください。

시럽
시롭뿌
シロップ

샷
숏또
ショット

크림
쿠리-무
クリーム

초코칩
쵸코칩뿌
チョコチップ

바닐라 시럽
바니라 시롭뿌
バニラ シロップ

캐러멜 시럽
캬라메루 시롭뿌
キャラメル シロップ

시나몬 파우더
시나몽 파우다-
シナモン パウダー

우유 종류 변경하기

오어사

우유는 저지방 (으)로 부탁합니다.
규-뉴-와 테-시보- 데 오네가이시마스.
ぎゅうにゅうは ていしぼう で おねがいします。

저지방
테-시보-
ていしぼう

무지방
무시보-
むしぼう

두유
토-뉴-
とうにゅう

주스 및 스무디 주문하기

지수

> 사과 주스
> **링고 쥬-스** 하나 주세요. **히또쯔 쿠다사이.**
> りんご ジュース ひとつ ください。

사과 주스
링고 쥬-스
りんご ジュース

자몽 주스
구레-뿌
후루-쯔 쥬-스
グレープフルーツ ジュース

포도 주스
부도- 쥬-스
ぶどう ジュース

딸기 스무디
이찌고 스무-지-
いちご スムージー

복숭아 스무디
모모 스무-지-
もも スムージー

디저트 주문하기

오여사

> 쇼트 케이크
> **쇼-또 케-키** 하나 주세요. **히또쯔 쿠다사이**
> ショート ケーキ ひとつ ください。

[쵸코] **쵸코** チョコ
[과일 생크림] **후루-쯔** フルーツ

쇼트(딸기 생크림)
케이크
쇼-또 케-키
ショート ケーキ

당근 케이크
닌징 케-키
にんじん ケーキ

파르페
파훼
パフェ

밀푀유
미르휘-유
ミルフィーユ

애플 파이
압뿌루 파이
アップル パイ

몽블랑
몸브랑
モンブラン

바움쿠헨
바우무쿠-헹
バウムクーヘン

크림 브륄레
크리-무 부류레
クリーム ブリュレ

크레이프
케이크
쿠레-푸 케-키
クレープ ケーキ

이동하기

숙박시설 이용하기

식사하기

쇼핑하기

관광하기

긴급상황 대처하기

해외 여행일보어 1분의 기적

매장에서 먹을지 포장할지 전달하기

여기서 먹을게요.
코코데 타베마스.
ここで たべます。

지수

가지고 갈 거예요.
모찌카에리마스.
もちかえります。

지수

문화를 알면 일본어가 더 재밌어진다!

일본 카페에서 볼 수 있는 안내문
'콘센토 아리마스(コンセント あります)'

'콘센토 아리마스'라는 안내문은 '콘센트가 있습니다' 라는 뜻으로, 일본의 카페나 식당 등에서 볼 수 있는 안내문이에요. 콘센트는 어느 곳에나 있는 것인데 어째서 이런 안내문을 붙이는 것일까요? 우리나라에서는 매장 내에서 콘센트를 사용하여 노트북을 하거나 휴대전화를 충전하는 모습을 흔히 볼 수 있는 데 반해, 일본은 전기세가 한국의 그배 정도로 비싸기 때문에 일반적으로 매장의 콘센트를 손님이 마음대로 사용하면 안된답니다.

그래서 손님에게 마음껏 충전할 수 있도록 콘센트 사용을 허락하고 있는 곳은 이러한 서비스를 어필하기 위해 '콘센토 아리마스'라는 안내문을 붙이는 것이랍니다.

일본의 편의점에는 없는 게 없다?!

일본 사람들은 편의점이 생활 일부가 되어 편의점이 근처에 없으면 불편할 정도라고 합니다.
이유가 뭘까요? 일본 편의점에는 각종 맛있는 먹거리와 생활용품은 당연하고, 한국 편의점에
없는 프린터기가 있고, 화장실을 개방하고 있습니다. 편의점에서 공과금을 납부하고 콘서트
티켓을 구매하기도 하는데요. 일본 여행 중 급히 뭔가 필요하다면 가까운 편의점을 한번 들
려보면 어떨까요?

쇼핑하기

물건을 찾고 고를 때

일본 상점에 가면 '고랑 쿠다사이'라는 말이 많이 들려요. '구경하세요'라는 뜻이랍니다. 천천히 둘러보며 구경도 하고, 원하는 물건이 있을 땐 직원에게 물건이 있는 위치도 자신 있게 물어보세요.

 원하는 물건 위치 묻기 ···

지수

> (제품 사진이나 이름을 보여주며) 이것은 몇 층에 있나요?
> **코레와 낭가이니 아리마스까?**
> これは なんがいに ありますか。

[화장품] **케쇼-힝**
けしょうひん
[식기] **쇽끼** しょっき
[정장] **스-쯔** スーツ
[가방] **카방** かばん
[신발] **쿠쯔** くつ

 또는

오여사

> (제품 사진이나 이름을 보여주며) 이것은 어디에 있나요?
> **코레와 도코니 아리마스까?**
> これは どこに ありますか。

> 네, 2층에 있습니다.
> **하이, 니까이니 아리마스.**
> はい、にかいに あります。

가게 점원

또는

> 죄송합니다만, 그것은 없습니다.
> **스미마셍가, 소레와 아리마셍.**
> すみませんが、それは ありません。

가게 점원

지수

> (원하는 제품의 재고가 없을 때) 이거 다른 지점에도 없을까요?
> **코레 호까노 템뽀니모 나이데스까?**
> これ ほかの てんぽにも ないですか。

> 잠시만 기다려 주세요. 확인해 보겠습니다.
> **쇼-쇼- 오마찌 쿠다사이. 카꾸닝 이따시마스.**
> しょうしょう おまちください。 かくにん いたします。

가게 점원

이동하기

숙박시설 이용하기

식사하기

쇼핑하기

관광하기

긴급상황 대처하기

해외스 여행일본어 10분의 기적

구입할 물건 결정하고 가격 묻기

 오여사

이거 새 상품 있나요?
코레 아따라시- 모노 아리마스까?
これ あたらしい もの ありますか。

또는

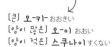

지수

이거보다 작은 것 있나요?
코레요리 치-사이 모노 아리마스까?
これより ちいさい もの ありますか。

[큰] **오-키-** おおきい
[양이 많은] **오-이** おおい
[양이 적은] **스쿠나이** すくない

 가게 점원

네, 여기요.
하이, 도-조.
はい、どうぞ。

 오여사

이걸로 할게요. 얼마인가요?
코레니 시마스. 이꾸라데스까?
これに します。いくらですか。

 가게 점원

(가격표를 가리키며) 이 가격입니다.
코노 네단니 나리마스.
この ねだんに なります。

윈도쇼핑 즐기기

 가게 점원

어서 오세요. 뭐 찾으시는 거 있으세요?
이랏샤이마세. 나니까 오사가시데스까?
いらっしゃいませ。なにか おさがしですか。

 지수

특별히 없습니다. 좀 둘러볼게요.
토꾸니 나이데스. 춋또 미마스네.
とくに ないです。ちょっと みますね。

지수

이거 착용해 봐도 되나요?
코레 시쨔쿠 시떼모 이-데스까?
これ しちゃく しても いいですか。

[사용해 봐도] **츠칻떼 미떼모** つかって みても
[만져 봐도] **사왇떼 미떼모** さわって みても
[신어 봐도] **하이떼 미떼모** はいて みても

 가게 점원

네, 그러세요.
하이, 도-조.
はい、どうぞ。

계산할 때

맘에 드는 물건을 발견했을 때 계산은 어떻게 하면 좋을까요? 현금 또는 카드로 계산할 때, 어떤 일본어를 사용하면 좋을지 확인하고, 선물 포장까지 자신 있게 부탁해보세요.

 현금으로 계산하기 ···

오여사

계산 부탁합니다.
오카이케– 오네가이시마스.
おかいけい　おねがいします.

네, 6800엔입니다.
하이, 록셍합빠꾸엔데 고자이마스.
はい、6800えんで　ございます.

가게 점원

(현금을 내밀며) 여기요.
하이.
はい.

오여사

포인트 카드 있으세요?
포인토 카–도 오모찌데스까?
ポイント カード　おもちですか.

가게 점원

아니요, 없습니다.
이–에, 나이데스.
いいえ、ないです.

오여사

네, 거스름돈 300엔입니다.
하이, 삼뱌꾸엔노 오카에시데스.
はい、300えんの　おかえしです.

가게 점원

저기… 거스름돈이 틀려요.
아노… 오쯔리가 치가이마스.
あの… おつりが　ちがいます.

오여사

죄송합니다, 확인해 보겠습니다.
스미마셍, 카꾸닝 이따시마스.
すみません、かくにん　いたします.

가게 점원

카드로 계산하기

지수

카드 되나요?
카-도 데끼마스까?
カード できますか。

네, 됩니다. 카드 받았습니다.
하이, 데끼마스. 카-도 오아즈까리시마스.
はい、できます。カード おあずかりします。

가게 점원

또는

[2개월] **니까이바라이** にかいばらい
[3개월] **상까이바라이** さんかいばらい
[6개월] **록까이바라이** ろっかいばらい

죄송합니다, 카드는 좀….
스미마셍, 카-도와 촛또….
すみません、カードは ちょっと…。

가게 점원

지수

일시불로 해주세요.
익까쯔데 오네가이시마스.
いっかつで おねがいします。

네, 여기 사인 부탁합니다.
하이, 코코니 사잉 오네가이시마스.
はい、ここに サイン おねがいします。

가게 점원

포장 요청하기

오여사

선물용으로 포장 부탁합니다.
푸레젠토요-니 호-소- 오네가이시마스.
プレゼントように ほうそう おねがいします。

또는

지수

봉투 하나 더 주세요.
후꾸로 모- 이찌마이 쿠다사이.
ふくろ もう いちまい ください。

[쇼핑백] **카미부꾸로** かみぶくろ

또는

오여사

이것은 따로 싸 주세요.
코레와 베쯔니 츠쯘데 쿠다사이.
これは べつに つつんで ください。

[같이] **잇쇼니** いっしょに

네, 알겠습니다.
하이, 카시코마리마시따.
はい、かしこまりました。

가게 점원

쇼핑하기 | 계산할 때 **95**

면세 받을 때

여행자의 쇼핑 특권은 바로 면세가 아닐까요? 모든 가게에서 면세 서비스를 제공하지는 않기 때문에, 택스 리펀(Tax Refund)을 받을 수 있는지 확인하여 소중한 여행 경비를 조금이라도 아껴보아요.

 면세 가능 금액 물어보기

지수

면세되나요?
멘제- 데끼마스까?
めんぜい できますか。

네, 됩니다.
하이, 데끼마스.
はい、できます。
가게 점원

면세는 얼마부터인가요?
멘제-와 이꾸라까라데스까?
めんぜいは いくらからですか。
지수

5000엔부터입니다.
고셍엥까라데스.
5000えんからです。
가게 점원

 면세 받는 곳 물어보기

지수

면세는 어디서 가능한가요?
멘제-와 도코데 데끼마스까?
めんぜいは どこで できますか。

저쪽 카운터입니다.
아찌라노 카운타-니 나리마스.
あちらの カウンターに なります。
가게 점원

이동하기

숙박시설 이용하기

식사하기

쇼핑하기

관광하기

긴급상황 대처하기

해커스 여행일본어 10분의 기적

면세 받기

면세 부탁합니다.
멘제- 오네가이시마스.
めんぜい おねがいします。

오여사

네, 영수증과 여권 부탁합니다.
하이, 레시-토또 파스포-토 오네가이시마스.
はい、レシートと パスポート おねがいします。

가게 점원

(영수증과 여권을 내밀며) 여기요.
하이.
はい。

오여사

이것은 따로 싸 주세요.
코레와 베쯔니 츠쯘데 쿠다사이.
これは べつに つつんで ください。

오여사

귀국할 때까지 열지 말아 주세요.
키코꾸스루마데 아께나이데 쿠다사이.
きこくするまで あけないで ください。

가게 점원

네, 알겠습니다.
하이, 와까리마시따.
はい、わかりました。

오여사

네, 영수증과 800엔 돌려드리겠습니다.
하이, 레시-토또 합빠꾸엔노 오카에시데스.
はい、レシートと 800えんの おかえしです。

가게 점원

감사합니다.
아리가또- 고자이마스.
ありがとう ございます。

오여사

쇼핑하기 | 면세 받을 때 **97**

교환 및 환불할 때

일본이 아니면 손에 넣기 어려운 물건들, 갖고 싶어서 큰 맘먹고 구입했지만 마음이 바뀌거나 산 물건에 하자가 있어 교환이나 환불을 해야 할 수 있어요. 이럴 때 어려워 하지 말고 필요한 말을 골라 자신 있게 말해보세요.

 교환하기

지수

저기요, 교환하고 싶어요.
스미마셍, 코-캉 시따이데스.
すみません、こうかん したいです。

오여사

이것으로 교환되나요?
코레니 코-캉 데끼마스까?
これに こうかん できますか。

[다른 색] 베쯔노 이로 べつの いろ
[다른 제품] 호까노 세-힝 ほかの せいひん

지수

더 큰 사이즈 없나요?
못또 오-키- 사이즈 아리마셍까?
もっと おおきい サイズ ありませんか。

[작은 사이즈] 치-사이 사이즈
ちいさい サイズ

네, 영수증 부탁합니다.
하이, 레시-토 오네가이시마스.
はい、レシート おねがいします。

가게 점원

 또는

이 제품은 교환이나 환불이 불가능합니다.
코노 세-힝와 코-캉야 헴삥가 데끼마셍.
この せいひんは こうかんや へんぴんが できません。

가게 점원

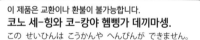

지수

(영수증을 건네며) 여기요.
하이.
はい。

새로운 영수증입니다.
아따라시- 레시-토데스.
あたらしい レシートです。

가게 점원

지수

감사합니다.
아리가또- 고자이마스.
ありがとう ございます。

이동하기

숙박시설 이용하기

식사하기

쇼핑하기

관광하기

긴급상황 대처하기

해커스 여행일본어 10분의 기적

 환불하기

오여사
저기요, 반품하고 싶어요.
스미마셍, 헴삥 시따이데스.
すみません、へんぴん したいです。

오여사
환불 되나요?
하라이모도시 데끼마스까?
はらいもどし できますか。

제품에 무슨 문제가 있나요?
세-힌니 나니까 몬다이가 아리마스까?
せいひんに なにか もんだいが ありますか。

가게 점원

 또는

이 제품은 교환이나 환불이 불가능합니다.
코노 세-힝와 코-캉야 헴삥가 데끼마셍.
この せいひんは こうかんや へんぴんが できません。

가게 점원

지수
여기가 이상해요.
코코가 오까시-데스.
ここが おかしいです。

또는

오여사
불량품이에요.
후료-힌데스.
ふりょうひんです。

또는

오여사
(변심했을 때) 좀 생각해 봤는데 역시…(안 되겠어요).
춋또 캉가에떼 미딴데스케도, 얍빠리….
ちょっと かんがえて みたんですけど、やっぱり…。

네, 환불해 드릴게요.
하이, 하라이모도시 이따시마스.
はい、はらいもどし いたします。

가게 점원

편의점에서

일본은 편의점의 천국! 꼭 먹어 봐야 할 편의점 음식 리스트까지 공유될 정도로 인기인데요. 편의점에서 맛있는 먹거리도 사먹고, 필요한 물건도 구매하고 편의점에서 이용할 수 있는 서비스까지 모든 것을 즐겨보세요.

필요한 물건 찾기

지수

티슈
팃슈 는 어디 있나요?
와 도코니 아리마스까?

ティッシュは どこに ありますか。

티슈
팃슈
ティッシュ

물티슈
우엣토팃슈
ウエット ティッシュ

세면도구
셍강요-힝
せんがんようひん

칫솔
하부라시
はブラシ

면도기
히게소리
ひげそり

종이컵
카미콥푸
かみコップ

양말
쿠쯔시따
くつした

스타킹
스톡킹구
ストッキング

여성용품
죠세-요-힝
じょせいようひん

우산
카사
かさ

렌즈 보존액
콘타쿠토 호종에끼
コンタクト ほぞんえき

볼펜
보-루펭
ボールペン

건전지
칸덴찌
かんでんち

충전기
쥬-뎅끼
じゅうでんき

어댑터
아다푸타-
アダプター

이동하기

숙박시설 이용하기

식사하기

쇼핑하기

관광하기

긴급상황 대처하기

해커스 여행일본어 10분의 기적

먹고 싶은 것 찾기

오여사

참치마요 주먹밥
쯔나마요 오니기리 은 어느 거예요?
와 도레데스까?

ツナマヨ おにぎりは どれですか。

참치마요 주먹밥
쯔나마요 오니기리
ツナマヨ おにぎり

명란 주먹밥
멘따이코 오니기리
めんたいこ おにぎり

연어 주먹밥
사케 오니기리
さけ おにぎり

카레빵
카레-팡
カレーパン

메론빵
메롬팡
メロンパン

야키소바 빵
야끼소바 팡
やきそば パン

계란 샌드위치
타마고 산도잇치
たまご サンドイッチ

돈가스 샌드위치
통까쯔 산도잇치
とんかつ サンドイッチ

경단
당고
だんご

우유 푸딩
미루쿠 푸링
ミルク プリン

구운 푸딩
야끼 푸링
やき プリン

복숭아 맛 물
**모모 아지노
오미즈**
もも あじの おみず

음료의 종류 물어보기

지수

이것은　　술　　인가요?
코레와　오사케　데스까?

これは おさけ ですか。

술
오사케
おさけ

물
오미즈
おみず

탄산
탄상
たんさん

무알콜
농아루코-루
ノンアルコール

하이볼
하이보-루
ハイボール

위스키에 탄산수를 섞어 마시는 칵테일.

편의점 조리 음식 주문하기

오여사

| 어묵
오뎅 | 한 개 주세요.
히또쯔 쿠다사이.
おでん ひとつ ください. |

【2개】 **후따쯔** ふたつ
【3개】 **밋쯔** みっつ

어묵
오뎅
おでん

튀김
아게모노
あげもの

닭꼬치
야끼또리
やきとり

군고구마
야끼이모
やきいも

호빵
츄-까망
ちゅうかまん

이것
코레
これ

어묵, 튀김 등의 음식은 종류가 많답니다.
진열장을 가리키며 주문해 보세요.

무료 일회용품 요청하기

지수

| 젓가락
오하시 | 주세요.
쿠다사이.
おはし ください. |

젓가락
오하시
おはし

빨대
스토로-
ストロー

스푼
스푸-웅
スプーン

기타 이용 문의하기

오여사

여기서 **코코데** 휴대전화 충전 **케-타이노 쥬-뎅** 되나요? **데끼마스까?**

ここで ケータイの じゅうでん できますか。

휴대전화 충전
케-타이노 쥬-뎅
ケータイの じゅうでん

ケータイ スマホ
케-타이(휴대전화) 대신 스마호(스마트폰)라고
말해도 돼요.

파스모 결제
파스모노 시하라이
パスモの しはらい

사용하고 있는 교통카드의 이름을 넣어보세요.
교통카드의 잔액을 알뜰하게 이용할 수 있답니다.

ATM 사용
에-티-에무노 시요-
ATMの しよう

복사
코피-
コピー

여권 복사 등이 필요할 때 편의점에서 복사해 보세요!

문화를 알면 일본어가 더 재밌어진다!

일본 편의점에는 '코피-키(コピーき)'가 있다!

'코피-키'라는 말은 'copy(복사)'를 일본식으로 발음한 '코피-'와 '키카이(기계)'를 붙여서 만든 단어로, 복사기를 말해요. 그런데 일본 편의점에 놓여 있는 '코피-키'는 단순한 복사기가 아닌데요. 프린트, 팩스, 스캔이 가능한 것은 물론이고 휴대전화로 찍은 사진의 출력, 인감 증명 및 주민등록초본의 발급, 영화나 스포츠 경기 등의 티켓 구매, 각종 캐릭터 일러스트나 포스터 구매까지 정말 다양한 기능이 있답니다.

'코피-키'는 세븐일레븐, 패밀리마트, 로손 등 일본의 거의 모든 편의점 안에서 찾을 수 있는데요. 어디 있는지 물어보고 싶을 때는 다음과 같이 말해보세요.

'코피-키와 도꼬니 아리마스까(복사기는 어디에 있나요)?'

드러그스토어에서

일본에 가면 식료품, 약, 일용품까지 모두 한꺼번에 취급하는 드러그스토어가 많이 있어요. 일본 여행 중 드러그스토어 쇼핑 리스트가 있다면, 물건이 어디 있는지 점원에게 자신있게 물어 보세요.

화장품 / 의약품 / 식료품 찾기

기초 화장품 **스킹 케아** 은 어디 있나요?
와 도코니 아리마스까?
スキン ケアは どこに ありますか。

지수

기초 화장품
스킹 케아
スキン ケア

클렌징 제품
쿠렌징구
クレンジング

색조 화장품
**메이쿠압프
세-힝**
メイクアップ せいひん

립 제품
립푸 세-힝
リップ せいひん

화장 소품
비요- 굿즈
びよう グッズ

헤어 제품
헤아 케아
ヘア ケア

소화제
쇼-카자이
しょうかざい (消化剤)

감기약
카제구스리
かぜぐすり (風邪薬)

해열제
게네쯔자이
げねつざい (解熱剤)

파스
파스
パス

멀미약
요이도메
よいどめ (酔い止め)

안약
메구스리
めぐすり (目薬)

진통제
이따미도메
いたみどめ (痛み止め)

연고
낭코-
なんこう (軟膏)

위장약
이쬬-야꾸
いちょうやく (胃腸薬)

과자
오카시
おかし

라면
라-멩
ラーメン

소스
소-스
ソース

술
오사케
おさけ

음료수
노미모노
のみもの

젤리
제리-
ゼリー

차
오챠
おちゃ

초콜릿
쵸코레-토
チョコレート

후리카케
(밥 위에 뿌려
먹는 것)
후리까케
ふりかけ

의약품 살 때 복용량 묻기

오여사

이거
코레
한 번에 몇 알
익까이니 낭코
먹나요?
노미마스까?

これ いっかいに なんこ のみますか。

한 번에 몇 알
익까이니 낭코
いっかいに なんこ

하루에 몇 번
이찌니찌 낭까이
いちにち なんかい

식후에
쇼꾸고니
しょくごに

이동하기

숙박시설 이용하기

식사하기

쇼핑하기

관광하기

긴급상황 대처하기

해커스 여행일본어 1분의 기적

옷 가게에서

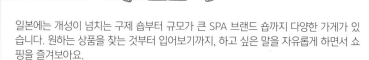

일본에는 개성이 넘치는 구제 숍부터 규모가 큰 SPA 브랜드 숍까지 다양한 가게가 있습니다. 원하는 상품을 찾는 것부터 입어보기까지, 하고 싶은 말을 자유롭게 하면서 쇼핑을 즐겨보아요.

사고 싶은 상품 찾기

지수

여성용
죠세-요- 은 어디 있나요?
와 도코니 아리마스까?
じょせいようは どこに ありますか。

여성용
죠세-요-
じょせいよう

남성용
단세-요-
だんせいよう

재킷
쟈켓또
ジャケット

치마
스카-토
スカート

모자
보-시
ぼうし

T셔츠
티샤쯔
Tシャツ

바지
즈봉
ズボン

카디건
카-디강
カーディガン

양말
쿠쯔시따
くつした

(사진 등을 보여주며)
이것
코레
これ

마음에 드는 옷 입어보기

오여사

이거
코레
입어 봐도
키떼 미떼모
되나요?
이-데스까?
これ きて みても いいですか。

(상의) 입어 봐도
키떼 미떼모
きて みても

(바지, 스커트)
입어 봐도
하이떼 미떼모
はいて みても

(모자) 써 봐도
카붓떼 미떼모
かぶって みても

이동하기

숙박시설 이용하기

식사하기

쇼핑하기

관광하기

긴급상황 대처하기

헤카스 약황분여 10분의 기적

다른 사이즈 찾기

지수

더 큰 사이즈
못또 오-키- 사이즈 있나요?
아리마스까?

もっと おおきい サイズ ありますか。

더 큰 사이즈
못또 오-키- 사이즈
もっと おおきい サイズ

더 작은 사이즈
못또 치-사이 사이즈
もっと ちいさい サイズ

S 사이즈
에스 사이즈
S サイズ

M 사이즈
에무 사이즈
M サイズ

L 사이즈
에루 사이즈
L サイズ

원하는 컬러 찾기

오여사

이거
코레 흰색
시로 은 없나요?
와 아리마셍까?

これ しろは ありませんか。

흰색
시로
しろ

검은색
쿠로
くろ

빨간색
아까
あか

노란색
키-로
きいろ

주황색
오렌지
オレンジ

핑크색
핑쿠
ピンク

?

다른 색
이로찌가이
いろちがい

파란색
아오
あお

초록색
미도리
みどり

보라색
부라사끼
むらさき

신발 가게에서

브랜드 신발을 저렴하게 살 수 있어 일본 여행 중 신발 쇼핑을 빼놓으면 왠지 섭섭하죠.
꼭 맞는 사이즈의 신발을 사기 위한 표현을 골라 자신 있게 말해보세요.

원하는 신발 사이즈 찾기

지수

이거		255		없나요?
코레	**니쥬-고뗑고**		**아리마셍까?**

これ　25.5　ありませんか。

일본에서는 신발 사이즈를 mm가 아닌 cm로 말해요. 예를 들어 한국의 245 사이즈는 24.5 사이즈가 된답니다.

한국 ↓ 사이즈	일본 사이즈 ↓
255	25.5 **니쥬-고뗑고**
250	25 **니쥬-고**
245	24.5 **니쥬-욘뗑고**
240	24 **니쥬-용**
235	23.5 **니쥬-산뗑고**
230	23 **니쥬-산**
225	22.5 **니쥬-니뗑고**
220	22 **니쥬-니**

한국 ↓ 사이즈	일본 사이즈 ↓
295	29.5 **니쥬-큐-뗑고**
290	29 **니쥬-큐-**
285	28.5 **니쥬-핫뗑고**
280	28 **니쥬-하찌**
275	27.5 **니쥬-나나뗑고**
270	27 **니쥬-나나**
265	26.5 **니쥬-로꾸뗑고**
260	26 **니쥬-로꾸**

이동하기

숙박시설 이용하기

식사하기

쇼핑하기

관광하기

긴급상황 대처하기

해커스 여행일본어 일본의 기적

다른 사이즈 / 제품 찾기

오여사

더 작은 사이즈 있나요?
못또 치-사이 사이즈 아리마스까?
もっと ちいさい サイズ ありますか。

(사진이나 모델명을 보여주며)

더 작은 사이즈
못또 치-사이 사이즈
もっと ちいさい サイズ

더 큰 사이즈
못또 오-키- 사이즈
もっと おおきい サイズ

이것
코레
これ

더 굽이 높은 것
못또 히-루가 타까이노
もっと ヒールが たかいの

더 굽이 낮은 것
못또 히-루가 히꾸이노
もっと ヒールが ひくいの

깔창
나까지키
なかじき

신발 착용감 말하기

지수

약간 앞 쪽이 끼어요.
춋또 쯔마사끼가 키쯔이데스.
ちょっと つまさきが きついです。

앞 쪽이 끼어요
쯔마사끼가 키쯔이데스
つまさきが きついです

뒤꿈치가 아파요
카까또가 이따이데스
かかとが いたいです

미끄러워요
스베리마스
すべります

'글리코 아저씨'는 언제부터 거기에?

오사카 여행의 필수 코스 중 하나는 바로 커다란 글리코 아저씨 간판이 있는 도톤보리죠? 33m
나 되는 이 간판은 '글리코'라는 일본 유명 제과 회사가 1937년에 설치한 것으로, 그해 세계 선
수권 대회 등의 선수들을 모티브로 하였다 해요. 이곳을 찾는 많은 관광객들은 이 간판 앞에서
글리코 아저씨의 포즈대로 사진을 찍어 오사카 여행의 즐거운 추억으로 남긴답니다.

관광하기

매표소에서 입장권 살 때

관광하기 전 매표소에서 입장권을 살 때, 할인받을 수 있는지와 한국어 팸플릿은 받을 수 있는지 등 필요한 표현들을 자신 있게 말해보세요.

인원 수 말하기

> 몇 명이세요?
> **남메-사마 데스까?**
> なんめいさま ですか。
>
> 매표소 직원

→ [아이] **코도모** こども

오여사

> 어른 두 명이에요.
> **오또나 후따리데스.**
> おとな ふたりです。

> 어른 두 명 2000엔입니다.
> **오또나 니메- 니셍엔데스.**
> おとな にめい 2000えんです。
>
> 매표소 직원

할인 또는 무료입장 물어보기

지수

> (패스, 쿠폰 등을 내밀며) 이거 쓸 수 있나요?
> **코레 쯔카에마스까?**
> これ つかえますか。

또는

오여사

> 연장자 무료인가요?
> **시니아 무료-데스까?**
> シニア むりょうですか。

[초등학생] **쇼-각세-** しょうがくせい
[유아] **요-지** ようじ

> 네, 무료입니다.
> **하이, 무료-데스.**
> はい、むりょうです。
>
> 매표소 직원

또는

> 죄송하지만, 무료가 아니예요.
> **스미마셍가, 무료-쟈 아리마셍.**
> すみませんが、むりょうじゃ ありません。
>
> 매표소 직원

요금 지불하기 ....

 지수

카드로 계산하기는 p.ㅅ1을 참고해 주세요.

(현금을 내며) 여기요.
하이.
はい。

네, 딱 맞게 받았습니다.
하이, 쵸-도 이따다끼마시따.
はい、ちょうど いただきました。

 매표소 직원

또는

네, 220엔 거스름돈입니다.
하이, 니햐꾸 니쥬-엔노 오카에시데스.
はい、220えんの おかえしです。

 매표소 직원

 지수

네, (맞네요) 감사합니다.
하이, 아리가또- 고자이마스.
はい、ありがとう ございます。

또는

 지수

(거스름돈을 보여주며) 거스름돈이 틀려요.
오쯔리가 치가이마스.
おつりが ちがいます。

 팸플릿 받기 ....

 오여사

[지도] **치즈** ちず

한국어 팸플릿 있나요?
캉코꾸고노 팡후렛또 아리마스까?
かんこくごの パンフレット ありますか。

네, 여기요.
하이, 도-조
はい、どうぞ。

 매표소 직원

또는

죄송하지만, 없습니다.
스미마셍가, 나이데스네.
すみませんが、ないですね。

 매표소 직원

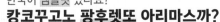

관내 시설 위치 및 이용 문의할 때

짐을 맡길 코인 로커가 어디에 있는지, 이벤트는 언제 하는지, 관람하는 데 시간은 얼마나 걸리는지 등. 관광 중에 궁금한 것들을 문의할 때 사용할 수 있는 표현을 자신 있게 말해보세요.

 시설 위치 묻기 ·······························

코인 로커는 어디에 있나요?
코인록카-와 도코니 아리마스까?
コインロッカーは どこに ありますか。

오여사

[화장실] **토이레** トイレ
[기념품 가게] **키넹힝 우리바** きねんひん うりば
[매점] **바이뗑** ばいてん

입구 쪽에 있어요.
이리구찌노 호-니 아리마스.
いりぐちの ほうに あります。

일본인 직원

 또는

여기로 쭉 가면 있어요.
코코오 맛스구 잇따라 아리마스.
ここを まっすぐ いったら あります。

일본인 직원

 이벤트 있는지 묻기 ·······························

무언가 이벤트 있나요?
나니까 이벤토 아리마스까?
なにか イベント ありますか。

지수

(이벤트 시간표를 제시하며) 네, 있습니다.
하이, 아리마스.
はい、あります。

일본인 직원

 또는

죄송하지만, 없습니다.
스미마셍가, 나이데스네.
すみませんが、ないですね。

일본인 직원

관람 시간 묻기

[타는 데] **노루노니** のるのに

오여사

보는 데 얼마나 걸려요?
미루노니 도레구라이 카까리마스까?
みるのに どれぐらい かかりますか。

두 시간 정도요.
니지깡 구라이데스.
にじかん ぐらいです。

일본인 직원

지수

몇 시까지 해요?
난지마데 데스까?
なんじまで ですか。

밤 9시까지요.
요루 쿠지마데 데스.
よる くじまで です。

일본인 직원

반입 가능 여부 및 재입장 묻기

(짐을 보여주며) 이거 가지고 들어가도 되나요?
코레 모찌코미 데끼마스까?
これ もちこみ できますか。

오여사

또는

재입장 되나요?
사이뉴-죠- 데끼마스까?
さいにゅうじょう できますか。

지수

네, 됩니다.
하이, 데끼마스.
はい、できます。

일본인 직원

또는

죄송하지만, 안됩니다.
스미마셍가, 데끼마셍.
すみませんが、できません。

일본인 직원

이동하기 | 숙박시설 이용하기 | 식사하기 | 쇼핑하기 | 관광하기 | 긴급상황 대처하기 | 해외소 여행일본어 10분의 기적

관광하기 | 관내 시설 위치 및 이용 문의할 때 **115**

기념품 사거나 간식 사 먹을 때

관광 중에 기념품 가게에서 일본 여행의 좋은 추억이 될 기념품을 사거나, 잠깐 허기진 배를 채울 간식을 사 먹을 때 사용할 수 있는 표현을 골라, 자신 있게 말해보세요.

🏯 기념품 가게 위치 묻기

오여사

기념품 가게 어디예요?
키넹힝 우리바 도코데스까?
きねんひん うりば どこですか。

출구 쪽에 있어요.
데구찌노 호-니 아리마스.
でぐちの ほうに あります。

일본인 직원

🏯 기념품 고르기

지수

여기 오리지널 상품인가요?
코코노 오리지나루 쇼-힝 데스까?
ここの オリジナル しょうひん ですか。

또는

오여사

이것은 장인이 직접 만든 건가요?
코레 쇼꾸닌노 테즈꾸리 데스까?
これ しょくにんの てづくり ですか。

네, 그렇습니다.
하이, 소-데스.
はい、そうです。

가게 점원

또는

아니요, 아닙니다
이-에, 소-쟈 아리마셍.
いいえ、そうじゃ ありません。

가게 점원

매점 / 카페테리아가 있는지 묻기

지수

매점 있나요?
바이뗑 아리마스까?
ばいてん ありますか。

〔카페테리아〕 **카훼테리아** カフェテリア
〔레스토랑〕 **레스토랑** レストラン
〔푸드코트〕 **후-도코-토** フードコート

네, 오른쪽에 있어요.
하이, 미기노 호-니 아리마스.
はい、みぎの ほうに あります。

일본인 직원

또는

죄송합니다만, 관내에는 없습니다.
스미마셍가, 칸나이니와 고자이마셍.
すみませんが、かんないには ございません。
일본인 직원

간식 사 먹기

오여사

무엇이 가장 인기있나요?
나니가 이찌방 닝끼데스까?
なにが いちばん にんきですか。

또는

〔요리〕 **료-리** りょうり
〔음료〕 **노미모노** のみもの

지수

추천 디저트가 있나요?
오스스메노 데자-토와 아리마스까?
おすすめの デザートは ありますか。

네, 이거예요.
하이, 코레데스.
はい、これです。
가게 점원

〔1개〕 **히또쯔** ひとつ
〔3개〕 **밋쯔** みっつ

오여사

그럼, 이거 두 개 주세요.
쟈, 코레 후따쯔 쿠다사이.
じゃ、これ ふたつ ください。

이동하기
숙박시설 이용하기
식사하기
쇼핑하기
관광하기
긴급상황 대처하기
해커스 여행일본어 10분의 기적

놀이공원에서

신나는 놀이공원에서 타고 싶은 놀이기구가 어디에 있는지, 내가 타고 싶은 놀이기구의 대기 줄이 어디인지, 이벤트 시간은 언제인지 알아볼 수 있는 표현들을 자신 있게 말해보세요.

놀이기구 위치 및 대기 줄 확인하기

지수

> 회전목마
> **메리-고-란도** 어디에 있나요?
> **도코니 아리마스까?**
> メリーゴーランド どこに ありますか。

지수

> 회전목마
> **메리-고-란도** 기다리는 줄인가요?
> **노 레쯔데스까?**
> メリーゴーランド の れつですか。

회전목마
메리-고-란도
メリーゴーランド

바이킹
바이킹구
バイキング

롤러코스터
젯토코-스타-
ジェットコースター

유령의 집
오바케 야시키
おばけ やしき

티 컵
코-히-캅푸
コーヒーカップ

공중 그네
쿠-츄-부랑코
くうちゅうブランコ

플룸라이드
워-타-라이도
ウォーターライド

관람차
칸란샤
かんらんしゃ

드롭타워
도롭푸타와-
ドロップタワー

이동하기

숙박시설 이용하기

식사하기

쇼핑하기

관광하기

긴급상황 대처하기

해커스 여행일본어 10분의 기적

시설 위치 묻기

지수

매점
바이뗑
어디에 있나요?
도코니 아리마스까?
ばいてん どこに ありますか。

매점
바이뗑
ばいてん

코인 로커
코인록카-
コインロッカー

기념품 가게
키넹힝 우리바
きねんひん うりば

수유실
쥬뉴-시쯔
じゅにゅうしつ

분실물 센터
**오와스레모노
센타-**
おわすれもの センター

팝콘 파는 곳
**폽푸코-옹
우리바**
ポップコーン うりば

[아이스크림] **아이스크라-무** アイスクリーム
[츄러스] **츄로스** チュロス
[핫도그] **홋또독그** ホットドッグ

시설 이용 및 이벤트 시간 확인하기

오여사

개장
카이엥
은 몇 시예요?
와 난지데스까?
かいえん は なんじですか。

개장
카이엥
かいえん

OPEN

폐장
헤-엥
へいえん

CLOSE

퍼레이드
파레 도
パレード

(팸플릿을 보여주며)
이 이벤트
코노 이벤토
この イベント

동물원과 수족관에서

귀여운 동물들과 신기한 물고기들이 많은 크고 넓은 동물원과 수족관에서, 만나고 싶은 동물의 위치와 지켜야 할 규칙 또는 이동 시간을 묻는 표현을 찾아 자신 있게 말해 보세요.

동물의 위치 묻기

> **펭귄**
> **펭킹**
>
> 보려면 이쪽이 맞나요?
> **미루니와 콧찌데스까?**
> ペンギン みるには こっちですか。

지수

펭귄
펭킹
ペンギン

북극곰
혹꾜꾸구마
ほっきょくぐま

코끼리
조ー
ぞう

판다
판다
パンダ

돌고래
이루카
イルカ

상어
사메
サメ

호랑이
토라
とら

얼룩말
시마우마
しまうま

원숭이
사루
さる

열대어
넷따이교
ねったいぎょ

거북이
카메
かめ

기린
키링
きりん

이벤트 장소 묻기

오여사

이벤트 장소는 어디예요?
이벤토 바쇼와 도코데스까?
イベント ばしょは どこですか。

이벤트	체험	기념사진 촬영
이벤토	**타이켕**	**키넨샤싱 사쯔에-**
イベント	たいけん	きねんしゃしん さつえい

관람 규칙 확인하기

지수

먹이를 줘도 되나요?
에사오 아게떼모 이-데스까?
えさを あげても いいですか。

먹이를 줘도
에사오 아게떼모
えさを あげても

동물과 (사진)찍어도
도-부쯔또 톳떼모
どうぶつと とっても

만져도
사왓떼모
さわっても

가까이 가도
치카꾸니 잇떼모
ちかくに いっても

시설 이용 및 관람 시간 묻기

오여사

보는 데 얼마나 걸리나요?
미루노니 도노구라이 카까리마스까?
みるのに どのぐらい かかりますか。

보는 데	다 둘러보는 데	모노레일 타는 데
미루노니	**젬부 마와루노니**	**모노레-루 노루노니**
みるのに	ぜんぶ まわるのに	モノレール のるのに

[케이블카] **케-부루카-** ケーブルカー

미술관과 박물관에서

멋진 작품들이 많은 미술관과 박물관에서 시설의 위치와 이용 규칙을 묻는 말, 필요한 물품을 빌릴 때 유용한 말을 자신 있게 골라 말해보세요.

관내 시설 위치 묻기

지수

코인 로커	는 어디예요?
코인록카-	와 도코데스까?
コインロッカー は	どこですか。

코인 로커
코인록카-
コインロッカー

기념품 가게
키넹힝 우리바
きねんひん うりば

반납 장소
헹캬꾸 바쇼
へんきゃく ばしょ

화장실
토이레
トイレ

출구
데구찌
でぐち

엘리베이터
에레베-타-
エレベーター

관내 이용 규칙 묻기

오여사

사진 촬영	되나요?
샤싱 사쯔에-	데끼마스까?
しゃしん さつえい	できますか。

사진 촬영
샤싱 사쯔에-
しゃしん さつえい

재입장
사이뉴-죠-
さいにゅうじょう

(물건을 보여주며) 반입
모찌코미
もちこみ

안내 데스크에서 필요한 물품 대여하기

지수

오디오가이드
오-디오가이도
빌려주세요.
카시떼 쿠다사이.

オーディオガイド かして ください。

오디오가이드
오-디오가이도
オーディオガイド

펜
펭
ペン

유모차
베비-카-
ベビーカー

휠체어
쿠루마이스
くるまいす

무료 전시 / 이벤트가 있는지 묻기

오여사

무료
무료-노
전시
텐지
있나요?
아리마스까?

むりょうの てんじ ありますか。

전시
텐지
てんじ

체험
타이켕
たいけん

이벤트
이벤토
イベント

이동하기

숙박시설 이용하기

식사하기

쇼핑하기

관광하기

긴급상황 대처하기

해커스 여행일본어 10분의 기적

구급차는 '119' 경찰차는 '110'

일본 여행 중 뜻하지 않게 발생하는 긴급상황에 대비하여 두 번호를 외워두면 좋아요. 다치거나 사고가 나는 등 긴급상황일 때는 한국의 안전 신고 센터와 동일한 '119', 도난을 당했을 때 등 긴급하게 경찰을 부를 때 사용하는 '110' 이에요. 특히, 일본 여행 중 긴급하게 경찰을 부를 일이 생기면 근처 가게에 가서 '하꾸토-방 오네가이시마스.'(110번(경찰)에 신고해주세요) 라고 말하면 바로 통한답니다.

긴급상황 대처하기

아프거나 다쳤을 때

즐거운 일본 여행 중에 갑자기 아프거나 다치면 너무 당황스럽죠. 이럴 때 상비약이 있는지, 가까운 병원이나 약국은 어디에 있는지 침착하게 묻고 도움을 청해 보아요.

 숙박 시설에서 상비약이 있는지 물어보기

지수

두통약 있나요?
즈쯔-야꾸와 아리마스까?
ずつうやくは ありますか。

[감기약] **카제구스리** かぜぐすり
[진통제] **이따미도메** いたみどめ
[위장약] **이쪼-야꾸** いちょうやく
[설사약] **게리도메** げりどめ

네, 가져오겠습니다.
하이, 오모찌 시마스.
はい、おもち します。

숙박시설
직원

또는

죄송합니다만, 없습니다.
스미마셍가, 나이데스네.
すみませんが、ないですね。

숙박시설
직원

 가까운 병원이나 약국 찾기

오여사

가까운 병원[드러그스토어]은 어디예요?
치카이 뵤-잉[도락꾸스토아]와 도코데스까?
ちかい びょういん[ドラッグストア]は どこですか。

이 길을 쭉 가주세요.
코노 미찌오 맛스구 잇떼 쿠다사이.
この みちを まっすぐ いって ください。

일본인

또는

죄송합니다만, 모르겠어요.
스미마셍가, 와까라나이데스.
すみませんが、わからないです。

일본인

주변에 도움 청하기

지수

도와주세요!
타스케떼 쿠다사이!
たすけて ください!

오여사

다쳤어요.
케가오 시마시따.
けがを しました。

[아이] **코도모** こども

지수

엄마 몸이 안 좋아요.
하하노 구아이가 와루이데스.
ははの ぐあいが わるいです。

오여사

병원에 데려다주세요.
뵤-인니 쯔레떼잇떼 쿠다사이.
びょういんに つれていって ください。

지수

구급차를 불러주세요.
큐-큐-샤오 욘데 쿠다사이.
きゅうきゅうしゃを よんで ください。

오여사

응급센터로 부탁합니다.
오-큐-센타-니 오네가이시마스.
おうきゅうセンターに おねがいします。

이동하기

숙박시설 이용하기

식사하기

쇼핑하기

관광하기

긴급상황 대처하기

해외 여행일본어 1분의 기적

분실하거나 도난 당했을 때

일본에서 분실 또는 도난을 당했을 때는 물건을 찾기 쉬운 편이니 너무 당황하지 마세요. 여기 표현들을 사용해 분실한 물건을 찾고, 분실물 센터를 찾아가고, 도난 상황에도 대처할 수 있어요.

 분실한 물건 찾기

 지수

여기 휴대전화 없었나요?
코코니 케-타이 아리마셍 데시따까?
ここに ケータイ ありません でしたか。

> [지갑] **사이후** さいふ
> [여권] **파스포-토** パスポート
> [가방] **카방** かばん

잠시만 기다려 주세요. 이거 맞나요?
쇼-쇼- 오마찌 쿠다사이. 코레 데스까?
しょうしょう おまち ください。これ ですか。

식당 점원

 또는

죄송합니다만, 없었어요.
스미마셍가, 나캇따데스.
すみませんが、なかったです。

식당 점원

 지수

네, 감사합니다.
하이, 아리가또- 고자이마스.
はい、ありがとう ございます。

 또는

 지수

아니요, 제 것이 아니네요.
이-에, 와따시노쟈 아리마셍.
いいえ、わたしのじゃ ありません。

 분실물 센터 찾기

 오여사

분실물 센터는 어디예요?
오와스레모노 센타-와 도코데스까?
おわすれもの センターは どこですか。

여기서 나가서 왼쪽에 있어요.
코코까라 데떼 히다리니 아리마스.
ここから でて ひだりに あります。

일본인 직원

도난 시 대처하기

지수

소지품을 도난당했어요.
모찌모노오 누스마레마시따.
もちものを ぬすまれました。

오여사

휴대전화 좀 빌려주실 수 있나요?
케-타이 카시떼 모라에마셍까?
ケータイ かして もらえませんか。

지수

경찰에 신고 부탁합니다.
케-사쯔니 쯔-호- 오네가이시마스.
けいさつに つうほう おねがいします。

오여사

근처 파출소가 어디예요?
치카이 코-방와 도코데스까?
ちかい こうばんは どこですか。

일본에서 여권을 분실했을 때 어떻게 하면 좋을까?

일본에서의 여행을 만끽 중에 여권을 분실했다면?!
너무 당황스럽겠지만 지나친 걱정은 금물! 평정심을 되찾고, 아래의 절차대로 차근차근 진행해 보아요.

1. 여권 분실 사실을 알게 되면, 대한민국 영사관에 연락하기
여권이 없으면 귀국이 불가능하기 때문에 대사관에 방문해 임시 여권을 발급받아야 한답니다.
영사관에 연락하여 출국 날짜를 알려주면, 그 기간 안에 무엇을 준비해야 하는지 설명해 줄거예요.
[주 일본 영사관 전화번호 : (81-3) 3455-2601~3]

2. 영사관에 여권 분실 신고서를 작성해 제출하기
여권 분실 신고서는 일본 파출소에서 받을 수 있습니다. 일본의 파출소에 여권을 분실했음을 알리고, 이름과
분실 장소를 적은 뒤 신고서를 발급받으면 된답니다. (p.135 분실 / 도난 신고서 양식 작성하기 참고)

3. 임시 여권 발급까지 기다리기
임시 여권 발급은 대략 이틀 정도 소요됩니다. 만약 귀국까지 3일 이상 남았다면 남은 여행은 예정대로 즐겨
보아요.

이동하기

숙박시설 이용하기

식사하기

쇼핑하기

관광하기

긴급상황 대처하기

해커스 여행일본어 10문의 기적

긴급 대피 상황이 일어났을 때

일본 여행 중 예기치 못한 긴급 대피 상황이 일어났을 때, 무슨 일인지 알아보거나, 일본인에게 도움을 요청해 보아요. 일본에서 받게 되는 긴급 재난 문자도 함께 알아보아요.

무슨 일이 일어났는지 알아보기

지수

사고가 났나요?
지코 데스까?
じこ ですか。

오여사

무슨 일이 있나요?
나니까 앗딴데스까?
なにか あったんですか。

오여사

위험한가요?
아부나이 데스까?
あぶない ですか。

지수

대피해야 하나요?
타이히 시마스까?
たいひ しますか。

주변에 도움 청하기

오여사

공항까지 태워주실 수 있나요?
쿠-코-마데 노세떼 모라에마스까?
くうこうまで のせて もらえますか。

지수

안전한 곳은 어디예요?
안젠나 토코로와 도코데스까?
あんぜんな ところは どこですか。

오여사

전화를 빌릴 수 있을까요?
뎅와오 카리떼모 이-데스까?
でんわを かりても いいですか。

[화장실] 토이레 トイレ

이동하기

숙박시설 이용하기

식사하기

쇼핑하기

관광하기

긴급상황 대처하기

해커스 여행일본어 10분의 기적

일본에서 받게되는 긴급 재난 문자 이해하기

일본 여행 중 다음과 같이 일본어로 된 긴급 재난 문자를 받는 경우가 있어요. 다음 문자는 일본에서 받게 되는 긴급 재난 문자 중 지진 관련 문자입니다.

긴급 재난 문자

⚠ 緊急速報 ✕
緊急地震速報 千葉東方沖で地震発生。 強い揺れに備えてください。(気象庁)

⚠ 긴급속보 ✕
긴급 지진 속보 치바 동쪽 앞바다에서 지진 발생. 강한 흔들림에 대비해주세요. (기상청)

다음과 같은 키워드를 눈에 익혀, 일본어로 된 긴급 재난 문자를 받더라도 너무 당황하지 않도록 해요.

꿀 TIP ! 緊急 긴급 / 速報 속보 / 地震 지진 / 火事 화재 / 暴雨 폭우 / 津波 해일 / 台風 태풍

지진이 일어났을 때 대처하는 법 알아보기

지진 대피 요령

넘어지기 쉬운 가구나 선반에서 물건이 떨어지는 것을 대비해, 책상 또는 테이블 밑에 들어가 안전을 확보해주세요.

가스불을 사용하고 있었다면, 당황하지 말고 가스불을 바로 꺼주세요. 흔들림이 안정된 후에는, 화재 방지를 위해 전기 기구의 콘센트를 뽑아주세요.

화재가 발생하더라도 당황하지 말고 초기 소화에 노력하며, 만일 천장까지 불이 번졌다면 재빨리 안전한 곳으로 대피합니다.

지진의 흔들림으로 인해 건물 형태가 틀어지거나 문이 열리지 않게 되는 경우가 있으니 먼저 문을 열어 대피가 용이하도록 합니다.

당황하여 밖으로 뛰어 나가지 않도록 주의합니다. 지진의 흔들림으로 인해 유리나 간판 등이 떨어져 더 큰 부상의 위험이 있습니다.

대피 후에는 TV나 라디오를 통해 정확한 정보를 얻습니다.

병원이나 약국에서

일본 여행 중 갑자기 몸이 아프거나 다쳐서 병원이나 약국에 가야 하기도 해요. 이럴 때 정확한 증상을 말하고, 진료 시 필요한 정보도 말하고, 필요한 약을 구매해서 빨리 낫도록 해요.

아픈 곳과 증상 말하기

오여사

배가 아파요.
오나까가 이따이데스.
おなかが いたいです.

[머리] **아따마** あたま

지수

열이 있어요.
네쯔가 아리마스.
ねつが あります.

지수

기침이 나요.
세끼가 데마스.
せきが でます.

[콧물] **하나미즈** はなみず

오여사

설사를 해요(나요).
게리오 시마스.
げりを します.

[구토를] **오-또오** おうとを
[현기증이] **메마이가** めまいが

지수

토할 것 같아요.
하끼소-데스.
はきそうです.

지수

피부가 가려워요.
하다가 카유이데스.
はだが かゆいです.

지수

발을 다쳤어요.
아시오 케가시마시따.
あしを けがしました.

[무릎] **히자** ひざ
[손] **테** て

이동하기

숙박시설 이용하기

식사하기

쇼핑하기

관광하기

긴급상황 대처하기

해커스 여행일본어 1분의 기적

진료 시 필요한 정보 말하기

[영어] 에-고 えいご

지수

한국어를 할 수 있는 의사가 있나요?
캉코꾸고가 데끼루 이샤와 이마스까?
かんこくごが できる いしゃは いますか。

오여사

항생제 알레르기가 있어요.
코-세-자이노 아레루기-가 아리마스.
こうせいざいの アレルギーが あります。

p.143 일 표현을 참고해 주세요.

지수

처방약은 3일 치 주세요.
쇼호-야꾸와 믹까붕 오네가이시마스.
しょほうやくは みっかぶん おねがいします。

오여사

복용 중인 약은 없어요.
후꾸요-츄-노 쿠스리와 아리마셍.
ふくようちゅうの くすりは ありません。

[~이 있습니다] 가 아리마스 があります

지수

진단서 부탁합니다.
신단쇼 오네가이시마스.
しんだんしょ おねがいします。

약 구매하기

지수

위장약	주세요.
이쬬-야꾸	**오네가이시마스.**

いちょうやく おねがいします。

※ 원하는 약과 같은 한자를 찾아 구매해 보세요.

위장약	감기약	설사약	연고
이쬬-야꾸	**카제구스리**	**게리도메**	**낭코-**
胃腸薬	風邪薬	下痢止め	軟膏

가려움 완화제	화상 연고	해열제	소독약
가유미도메	**야게도 낭코**	**게네쯔자이**	**쇼-도꾸야꾸**
かゆみ止め	火傷軟膏	解熱剤	消毒薬

파출소에서

물건을 분실하거나 도난당했다면, 파출소에 가서 분실하거나 도난당한 물건이 무엇 인지, 언제 어디서 잃어버렸는지 설명하고, 도난 신고서를 작성하면 된답니다.

분실 / 도난에 대해 신고하기

〔지갑〕사이후 さいふ
〔휴대전화〕케-따이 ケータイ
〔캐리어〕스-쯔 케-스 スーツケース

지수

여권을 잃어버렸어요.
파스포-토오 나꾸시마시따.
パスポートを なくしました。

오여사

지갑을 도둑 맞았어요.
사이후오 누스마레마시따.
さいふを ぬすまれました。

지수

도난 신고서를 작성하고 싶어요.
토-낭 싱코꾸쇼오 카끼따이데스.
とうなん しんこくしょを かきたいです。

오여사

한국어 버전 있나요?
캉코꾸고노 바-죵 아리마스까?
かんこくごの バージョン ありますか。

지수

한국어 할 수 있는 분 있나요?
캉코꾸고 데끼루까따 이마스까?
かんこくご できるかた いますか。

〔영어〕에-고 えいご

오여사

〔주소〕쥬-쇼 じゅうしょ

(도난 신고서를 작성할 때) 여기에 이름을 쓰나요?
코코니 나마에오 카키마스까?
ここに なまえを かきますか。

이동하기

숙박시설 이용하기

식사하기

쇼핑하기

관광하기

긴급상황 대처하기

해커스 여행일본어 1번으로 끝

분실 / 도난 신고서 양식 작성하기

※영어로 작성하면 됩니다.

遺失·盗難 届出書 분실 / 도난 신고서		
遺失者又は被害者 분실자 / 피해자	住所 주소	① 주소 Gangnam-gu Seocho-dong 12-3, Seoul, South Korea
	電話番号 전화번호	+82-10-1234-5678
	氏名 이름(신고자 이름)	KIM JISU
品名 ② 품명(잃어버린 물건)		A red backpack, pink key ring, Korean passport inside
日時 2019 年 일시 년	02 月 23 日 16 時 57 分頃 월 일 시 분경	
場所 장소	Shinjuku cafe	
届出年月日 신고서 제출 날짜	2019/02/23(土)	
狀況 ③ 상황 설명	(분실) I left it in the cafe. (도난) Someone took it from the cafe.	
上記のとおり遺失 / 盗難 / その他( )の届出します。 상기와 같이 분실 / 도난 / 기타( )이(가) 되었기에 신고합니다.		

분실 / 도난 신고서 작성 TIP

① 주소 작성 시 주의사항
- 아래와 같이 한국의 주소 작성 순서와 반대로 작성합니다.
  (아파트 동호수) → 호(번지) → 도로명 → 구 → 도시 → 국가

② 품명(잃어버린 물건) 작성법
- 물건의 색상, 크기, 특징 등을 구체적으로 작성합니다.

③ 상황 설명 작성법
- '분실'의 경우 I left it (놔두고 왔어요)과 같은 표현으로 설명합니다.
- '도난'의 경우 Someone took it (누가 가져갔어요)과 같은 표현으로 설명합니다.
- 아래와 같이 분실 / 도난 장소에 대한 설명을 덧붙일 수 있으니 참고하세요.
  ◦ 식당 / 가게 / 쇼핑몰 / 정류장 / 역에(서): at the restaurant / store / mall / stop / station
  ◦ 버스 / 기차 / 전철에(서): on the bus / train / subway
  ◦ 택시 / 화장실에(서): in the taxi / restroom

여행이 한층 더 풍부해지는
일본어

1. 일본어의 기본, 히라가나 · 카타카나 읽기

히라가나 ひらがな

あ 아	い 이	う 우	え 에	お 오
か が 카 가	き ぎ 키 기	く ぐ 쿠 구	け げ 케 게	こ ご 코 고
さ ざ 사 자	し じ 시 지	す ず 스 즈	せ ぜ 세 제	そ ぞ 소 조
た だ 타 다	ち ぢ 찌 지	つ づ 쯔 즈	て で 테 데	と ど 토 도
な 나	に 니	ぬ 누	ね 네	の 노
は ば ぱ 하 바 빠	ひ び ぴ 히 비 삐	ふ ぶ ぷ 후 부 뿌	へ べ ぺ 헤 베 뻬	ほ ぼ ぽ 호 보 뽀
ま 마	み 미	む 무	め 메	も 모
や 야		ゆ 유		よ 요
ら 라	り 리	る 루	れ 레	ろ 로
わ 와				を 오
ん 응				

카타카나 カタカナ

ア 아	イ 이	ウ 우	エ 에	オ 오
カ ガ 카 가	キ ギ 키 기	ク グ 쿠 구	ケ ゲ 케 게	コ ゴ 코 고
サ ザ 사 자	シ ジ 시 지	ス ズ 스 즈	セ ゼ 세 제	ソ ゾ 소 조
タ ダ 타 다	チ ヂ 찌 지	ツ ヅ 쯔 즈	テ デ 테 데	ト ド 토 도
ナ 나	ニ 니	ヌ 누	ネ 네	ノ 노
ハ バ パ 하 바 빠	ヒ ビ ピ 히 비 삐	フ ブ プ 후 부 뿌	ヘ ベ ペ 헤 베 뻬	ホ ボ ポ 호 보 뽀
マ 마	ミ 미	ム 무	メ 메	モ 모
ヤ 야		ユ 유		ヨ 요
ラ 라	リ 리	ル 루	レ 레	ロ 로
ワ 와				ヲ 오
ン 응				

2. 기본 숫자 · 전화번호 · 방 번호 말하기

기본 숫자 말하기

0	1	2	3	4	5
레- / 제로 れい / ゼロ	이찌 いち	니 に	상 さん	용 / 시 よん / し	고 ご
6	**7**	**8**	**9**	**10**	
로꾸 ろく	나나 / 시찌 なな / しち	하찌 はち	큐- / 쿠 きゅう / く	쥬- じゅう	

전화번호 말하기

010 – 1234 – 5678

제로이찌제로 **노** 이찌니상용 **노** 고로꾸나나하찌

ゼロいちゼロ　　の　いちにさんよん　　の　　ごろくななはち

※ 전화번호를 말할 때는 7은 '나나', 9는 '큐-'로만 말합니다.
※※ 번호 사이의 '–' 는 '노(の)'라고 말합니다.

방 번호 말하기

2 0 7 호실입니다.

니 마루 나나 **고-시쯔데스.**

に　まる　なな　　ごうしつです。

※ 방 번호를 말할 때 0은 '마루', 7은 '나나', 9는 '큐-'로만 말합니다.

3. 개수 · 연령대 · 인원수 말하기

개수 말하기

1개	2개	3개	4개	5개
히또쯔	**후따쯔**	**밋쯔**	**욧쯔**	**이쯔쯔**
ひとつ	ふたつ	みっつ	よっつ	いつつ
6개	7개	8개	9개	10개
뭇쯔	**나나쯔**	**얏쯔**	**코코노쯔**	**토-**
むっつ	ななつ	やっつ	ここのつ	とお

연령대 말하기

어른		아이	
오또나		코도모	
おとな (大人)		こども (子供)	

초등학생	중학생	고등학생
쇼-각세-	츄-각세-	코-코-세-
しょうがくせい(小学生)	ちゅうがくせい(中学生)	こうこうせい(高校生)

인원수 말하기

1명	2명	3명	4명	5명
히또리	**후따리**	**산닝**	**요닝**	**고닝**
ひとり	ふたり	さんにん	よにん	ごにん
6명	7명	8명	9명	10명
로꾸닝	**나나닝 / 시찌닝**	**하찌닝**	**큐-닝**	**쥬-닝**
ろくにん	ななにん/ しちにん	はちにん	きゅうにん	じゅうにん

※ '어른 두명이에요.'라고 말하고 싶을 때는 '오또나 후따리 데스.'라고 말해보세요.

4. 날짜 · 요일 말하기

5월 1일 일요일 입니다.

고가쯔 **쯔이따찌** **니찌요-비** 데스.
ごがつ　　　ついたち　　　にちようび　　　です。

월 표현

1월	2월	3월
이찌가쯔	니가쯔	상가쯔
いちがつ	にがつ	さんがつ
4월	5월	6월
시가쯔	고가쯔	로쿠가쯔
しがつ	ごがつ	ろくがつ
7월	8월	9월
시찌가쯔	하찌가쯔	쿠가쯔
しちがつ	はちがつ	くがつ
10월	11월	12월
쥬-가쯔	쥬-이찌가쯔	쥬-니가쯔
じゅうがつ	じゅういちがつ	じゅうにがつ

일 표현

1일	2일	3일	4일	5일	6일	7일
쯔이따찌 ついたち	후쯔까 ふつか	믹까 みっか	욕까 よっか	이쯔까 いつか	무이까 むいか	나노까 なのか
8일	**9일**	**10일**	**11일**	**12일**	**13일**	**14일**
요-카 ようか	코코노까 ここのか	토-카 とおか	쥬-이찌니찌 じゅういちにち	쥬-니니찌 じゅうににち	쥬-산니찌 じゅうさんにち	쥬-욕까 じゅうよっか
15일	**16일**	**17일**	**18일**	**19일**	**20일**	**21일**
쥬-고니찌 じゅうごにち	쥬-로꾸니찌 じゅうろくにち	쥬-나나니찌/ 쥬-시찌니찌 じゅうななにち/ じゅうしちにち	쥬-하찌니찌 じゅうはちにち	쥬-쿠니찌 じゅうくにち	하쯔까 はつか	니쥬-이찌 니찌 にじゅういちにち
22일	**23일**	**24일**	**25일**	**26일**	**27일**	**28일**
니쥬-니니찌 にじゅうににち	니쥬-산니찌 にじゅうさんにち	니쥬-욕까 にじゅうよっか	니쥬-고니찌 にじゅうごにち	니쥬-로꾸 니찌 にじゅうろくにち	니쥬-나나 니찌/ 니쥬-시찌 니찌 にじゅうななにち/ にじゅうしちにち	니쥬-하찌 니찌 にじゅうはちにち
29일	**30일**	**31일**				
니쥬-쿠니찌 にじゅうくにち	산쥬-니찌 さんじゅうにち	산쥬-이찌 니찌 さんじゅういち にち				

요일 표현

일요일 니찌 요-비 にちようび	월요일 게쯔 요-비 げつようび	화요일 카 요-비 かようび	수요일 스이 요-비 すいようび	목요일 모꾸 요-비 もくようび	금요일 킹 요-비 きんようび	토요일 도 요-비 どようび

5. 시간 말하기

오전[오후] 4시 25분 입니다.

고젱[고고] **요지** **니쥬-고홍** **데스.**

ごぜん[ごご]　　　よじ　　　にじゅうごふん　　です。

시 표현

1시	**이찌지** いちじ	7시	**시찌지** しちじ
2시	**니지** にじ	8시	**하찌지** はちじ
3시	**산지** さんじ	9시	**쿠지** くじ
4시	**요지** よじ	10시	**쥬-지** じゅうじ
5시	**고지** ごじ	11시	**쥬-이찌지** じゅういちじ
6시	**로꾸지** ろくじ	12시	**쥬-니지** じゅうにじ

분 표현

1분	입뿡 いっぷん	16 분	쥬-롭뿡 じゅうろっぷん	31 분	산쥬-입뿡 さんじゅういっぷん	46 분	욘쥬-롭뿡 よんじゅうろっぷん
2분	니훙 にふん	17 분	쥬-나나훙 じゅうななふん	32 분	산쥬-니훙 さんじゅうにふん	47 분	욘쥬-나나훙 よんじゅうななふん
3분	삼뿡 さんぷん	18 분	쥬-합뿡 じゅうはっぷん	33 분	산쥬-삼뿡 さんじゅうさんぷん	48 분	욘쥬-합뿡 よんじゅうはっぷん
4분	욤뿡 よんぷん	19 분	쥬-큐-훙 じゅうきゅうふん	34 분	산쥬-욤뿡 さんじゅうよんぷん	49 분	욘쥬-큐-훙 よんじゅうきゅうふん
5분	고훙 ごふん	20 분	니쥽뿡 にじゅっぷん	35 분	산쥬-고훙 さんじゅうごふん	50 분	고쥽뿡 ごじゅっぷん
6분	롭뿡 ろっぷん	21 분	니쥬-입뿡 にじゅういっぷん	36 분	산쥬-롭뿡 さんじゅうろっぷん	51 분	고쥬-입뿡 ごじゅういっぷん
7분	나나훙 ななふん	22 분	니쥬-니훙 にじゅうにふん	37 분	산쥬-나나훙 さんじゅうななふん	52 분	고쥬-니훙 ごじゅうにふん
8분	합뿡 はっぷん	23 분	니쥬-삼뿡 にじゅうさんぷん	38 분	산쥬-합뿡 さんじゅうはっぷん	53 분	고쥬-삼뿡 ごじゅうさんぷん
9분	큐-훙 きゅうふん	24 분	니쥬-욤뿡 にじゅうよんぷん	39 분	산쥬-큐-훙 さんじゅうきゅうふん	54 분	고쥬-욤뿡 ごじゅうよんぷん
10 분	쥽뿡 じゅっぷん	25 분	니쥬-고훙 にじゅうごふん	40 분	욘쥽뿡 よんじゅっぷん	55 분	고쥬-고훙 ごじゅうごふん
11 분	쥬-입뿡 じゅういっぷん	26 분	니쥬-롭뿡 にじゅうろっぷん	41 분	욘쥬-입뿡 よんじゅういっぷん	56 분	고쥬-롭뿡 ごじゅうろっぷん
12 분	쥬-니훙 じゅうにふん	27 분	니쥬-나나훙 にじゅうななふん	42 분	욘쥬-니훙 よんじゅうにふん	57 분	고쥬-나나훙 ごじゅうななふん
13 분	쥬-삼뿡 じゅうさんぷん	28 분	니쥬-합뿡 にじゅうはっぷん	43 분	욘쥬-삼뿡 よんじゅうさんぷん	58 분	고쥬-합뿡 ごじゅうはっぷん
14 분	쥬-욤뿡 じゅうよんぷん	29 분	니쥬-큐-훙 にじゅうきゅうふん	44 분	욘쥬-욤뿡 よんじゅうよんぷん	59 분	고쥬-큐-훙 ごじゅうきゅうふん
15 분	쥬-고훙 じゅうごふん	30 분	산쥽뿡 さんじゅっぷん	45 분	욘쥬-고훙 よんじゅうごふん	60 분	로꾸쥽뿡 ろくじゅっぷん

6. 금액 · 건물 층수 말하기

금액 말하기

2,318 엔 입니다.

니셍 **삼뱌꾸** **쥬-** **하찌** 엥 데스.

にせん　さんびゃく　じゅう　はち　えん　です。

1,000	셍 せん	100	하꾸 ひゃく	10	쥬- じゅう	1	이찌 いち
2,000	니셍 にせん	200	니하꾸 にひゃく	20	니쥬- にじゅう	2	니 に
3,000	산젱 さんぜん	300	삼뱌꾸 さんびゃく	30	산쥬- さんじゅう	3	상 さん
4,000	욘셍 よんせん	400	용하꾸 よんひゃく	40	욘쥬- よんじゅう	4	용 よん
5,000	고셍 ごせん	500	고하꾸 ごひゃく	50	고쥬- ごじゅう	5	고 ご
6,000	로꾸셍 ろくせん	600	롭빠꾸 ろっぴゃく	60	로꾸쥬- ろくじゅう	6	로꾸 ろく
7,000	나나셍 ななせん	700	나나하꾸 ななひゃく	70	나나쥬- ななじゅう	7	나나 なな
8,000	핫셍 はっせん	800	합빠꾸 はっぴゃく	80	하찌쥬- はちじゅう	8	하찌 はち
9,000	큐-셍 きゅうせん	900	큐-하꾸 きゅうひゃく	90	큐-쥬- きゅうじゅう	9	큐- きゅう

건물 층수 말하기

2층 입니다.
니까이 데스.
にかい　　です。

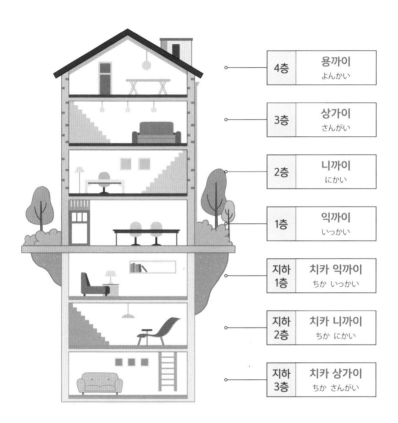

4층	용까이	よんかい
3층	상가이	さんがい
2층	니까이	にかい
1층	익까이	いっかい
지하 1층	치카 익까이	ちか いっかい
지하 2층	치카 니까이	ちか にかい
지하 3층	치카 상가이	ちか さんがい

※그 외 층수 표현

5층	고까이 ごかい	8층	학까이 はっかい
6층	록까이 ろっかい	9층	큐-까이 きゅうかい
7층	나나까이 ななかい	10층	쥬까이 じゅっかい

7. 일본 영수증 알아보기

편의점 / 쇼핑몰 / 기념품 가게 영수증

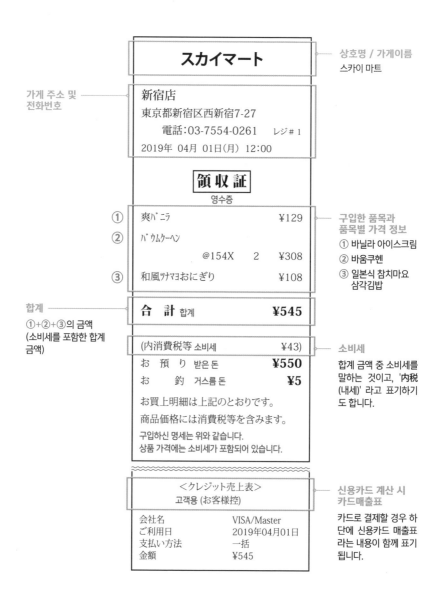

상호명 / 가게이름
스카이 마트

가게 주소 및
전화번호

スカイマート

新宿店
東京都新宿区西新宿7-27
　　電話:03-7554-0261　レジ＃1
2019年　04月　01日(月)　12:00

領　収　証
영수증

① 爽バニラ　　　　　　　　　　　　¥129

② バウムクーヘン
　　　　　　　　　　@154X　　2　　¥308

③ 和風ツナマヨおにぎり　　　　　　¥108

구입한 품목과
품목별 가격 정보
① 바닐라 아이스크림
② 바움쿠헨
③ 일본식 참치마요
　 삼각김밥

합계
①+②+③의 금액
(소비세를 포함한 합계
금액)

合　計 합계　　　　　　　¥545

(内消費税等 소비세　　　　　¥43)

お　預　り　받은 돈　　　　¥550
お　　釣　거스름 돈　　　　　¥5
お買上明細は上記のとおりです。
商品価格には消費税等を含みます。
구입하신 명세는 위와 같습니다.
상품 가격에는 소비세가 포함되어 있습니다.

소비세

합계 금액 중 소비세를
말하는 것이고, '内税
(내세)' 라고 표기하기
도 합니다.

＜クレジット売上表＞
고객용 (お客様控)

会社名　　　　　　VISA/Master
ご利用日　　　　　2019年04月01日
支払い方法　　　　一括
金額　　　　　　　¥545

신용카드 계산 시
카드매출표

카드로 결제할 경우 하
단에 신용카드 매출표
라는 내용이 함께 표기
됩니다.

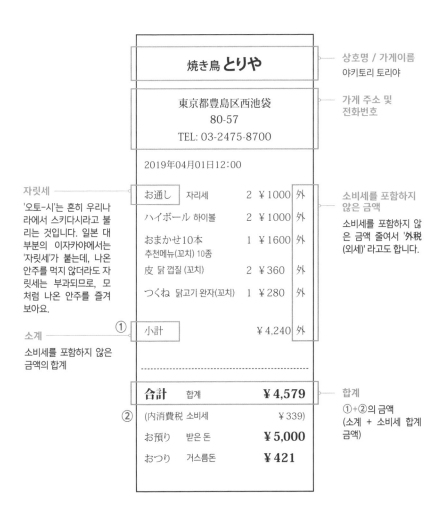

상호명 / 가게이름
야키토리 토리야

가게 주소 및
전화번호

焼き鳥 とりや

東京都豊島区西池袋
80-57
TEL: 03-2475-8700

2019年04月01日12:00

お通し 자리세	2	¥1000	外
ハイボール 하이볼	2	¥1000	外
おまかせ10本 추천메뉴(꼬치) 10종	1	¥1600	外
皮 닭 껍질 (꼬치)	2	¥360	外
つくね 닭고기 완자(꼬치)	1	¥280	外

① 小計   ¥4,240 外

合計 합계   ¥4,579

② (内消費税 소비세   ¥339)

お預り 받은 돈   ¥5,000

おつり 거스름돈   ¥421

자릿세
'오토-시'는 흔히 우리나라에서 스키다시라고 불리는 것입니다. 일본 대부분의 이자카야에서는 '자릿세'가 붙는데, 나온 안주를 먹지 않더라도 자릿세는 부과되므로, 모처럼 나온 안주를 즐겨 보아요.

소계
소비세를 포함하지 않은 금액의 합계

소비세를 포함하지 않은 금액
소비세를 포함하지 않은 금액 줄여서 '外税(외세)' 라고도 합니다.

합계
①+②의 금액
(소계 + 소비세 합계 금액)

급할 때 바로 찾아 말하는 여행 단어 사전

ㅂ

반납장소 헹캬꾸 바쇼 へんきゃくばしょ

모- 히또쯔 오네가이시마스.

한 개 / 두 개 / 세 개 **히또쯔 / 후따쯔 / 밋쯔**
ひとつ / ふたつ / みっつ

한 명 / 두 명 / 세 명 **히또리 / 후따리 / 산닝**
ひとり / ふたり / さんにん

한국어 **캉코꾸고** かんこくご

항생제 **코-세-자이** こうせいざい

헬스장 **휫토네스** フィットネス

화장실 **토이레** トイレ

한불 **하라이모두시** はらいもどし

회전 목마 **메리-고-란도** メリーゴーランド

휠체어 **쿠루마이스** くるまいす

휴대전화 **케-따이** ケータイ

휴지 **토이렛토 페-파-** トイレットペーパー

흰색 **시로** しろ

히터 **담보-** だんぼう

초판 14쇄 발행 2024년 12월 2일
초판 1쇄 발행 2019년 5월 13일

지은이	해커스 일본어연구소
펴낸곳	㈜해커스 어학연구소
펴낸이	해커스 어학연구소 출판팀

주소	서울특별시 서초구 강남대로61길 23 ㈜해커스 어학연구소
고객센터	02-537-5000
교재 관련 문의	publishing@hackers.com
동영상강의	japan.Hackers.com

ISBN	978-89-6542-290-7 (13730)
Serial Number	01-14-01

일본어 교육 1위
해커스일본어(japan.Hackers.com)

해커스 일본어

• 하루 10분만 따라하면 여행이 즐거워지는 **오오기 선생님의 교재 동영상강의**
• **일본어 레벨 테스트, FUN FUN 일본 이야기, 매일 일본어 단어** 등 무료 콘텐츠
• 일본인의 발음, 억양, 속도를 듣고 따라 말하는 **교재 MP3 무료 다운로드**

일본어교육 **1위** 해커스

말문이 트이는
해커스일본어 학습 시스템

STEP별 강의 시스템

예습부터 복습까지!
단기 완성을 위한
커리큘럼

일본어 무료 레벨테스트

내 실력을 진단하고
맞춤형 학습법 제시

1:1 질문 & 답변 시스템

언제 어디서나!
1:1 맞춤 학습 상담

무료 학습자료 무한제공

학습 효율 극대화!
데일리 학습자료 제공

여행일본어 동영상강의(5강) 무료 수강권

D8F7-035A-0E64-8000

해커스일본어 사이트(japan.Hackers.com) 접속 후 로그인 ▶
메인 우측 하단 [쿠폰&수강권 등록]에서 쿠폰번호 등록 후 [마이클래스] 에서 수강
· 등록 후 7일간 이용 가능

해커스일본어 **japan.Hackers.com**